産経NF文庫
ノンフィクション

ルーズベルト秘録

下

産経新聞「ルーズベルト秘録」取材班
キャップ 前田 徹

潮書房光人新社

ルーズベルト秘録　下——目次

第四部　奴らを追い詰めろ

■ルーズベルト政権の相関図

- ルーズベルト大統領
  - 家族・親族
    - エレノア（妻）
    - アンナ（長女）
    - ジェームズ（長男）
    - エリオット（次男）
    - ローラ・デラノ（従姉妹）
    - マーガレット・サッカレー
  - ホワイトハウス側近
    - ルイス・ハウ（初期政権）
    - ハリー・ホプキンズ（戦争中）
    - スティーブ・アーリー（報道官）
    - マービン・マッキンタイヤー（秘書官）
    - マルガリート・ラハンド（首席秘書官）
    - パー・ワトソン（軍事顧問兼秘書）
  - 政府閣僚側近
    - ヘンリー・ウォレス（副大統領）
    - コーデル・ハル（国務長官）
    - ヘンリー・モーゲンソー（財務長官）
    - フランシス・パーキンス（労働長官）
    - フランシス・ビドル（司法長官）
    - ハロルド・イッキーズ（内務長官）
    - J・エドガー・フーバー（FBI長官）
    - ヘンリー・スティムソン（陸軍長官）
    - フランク・ノックス（海軍長官）
  - 米軍指導部
    - 陸　軍
      - ジョージ・マーシャル（陸軍参謀総長）
      - ダグラス・マッカーサー（南西太平洋方面軍司令官）
      - ドワイト・アイゼンハワー（欧州戦線司令官）
      - ヘンリー・アーノルド（航空部隊司令官）
      - ジョセフ・スティルウェル（中国・ビルマ・インド方面軍司令官）
    - 海　軍
      - ハロルド・スターク（海軍作戦部長）
      - アーネスト・キング（42年から海軍作戦部長）
      - チェスター・ニミッツ（太平洋艦隊司令長官）
      - ウィリアム・ハルゼー（南太平洋第3艦隊司令長官）
  - ニューディール・マフィア
    - ブレーン・トラスト
      - レイモンド・モーレー（コロンビア大法学教授、国務次官補）
      - レックスフォード・タグウェル（コロンビア大経済学教授、農務次官）
      - アドルフ・バーレ（コロンビア大法学教授、国務次官）
    - ホワイトハウス
      - トーマス・コーコラン（議会対策補佐官）
      - ロークリン・カリー（中国問題特別補佐官）
  - 大統領個人代表
    - ウィリアム・ブリット（駐ソ連、駐フランス大使）
    - アバレル・ハリマン（武器貸与関連連絡代表、駐ソ連大使）
    - ハリー・ホプキンズ（武器貸与関連代表、ソ連・英国特使）
    - ロークリン・カリー（中国支援特使）
    - エバンズ・カールソン（日中戦争視察特使）
    - エレノア・ルーズベルト（国内向け代理）

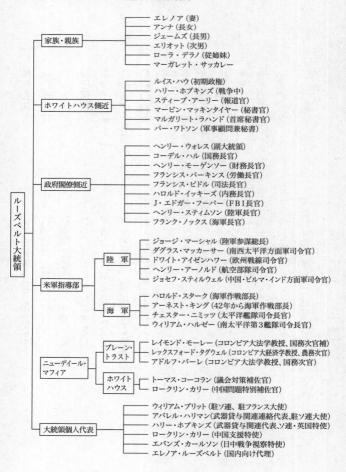

■ルーズベルト時代の米連邦政府内ソ連スパイ網

ウィタカー・チェンバーズ告発

- 米共産党ニューヨーク本部：1938年までJ・ピーターズ、それ以降はルーディ・ベーカー
- ソ連側代表：NKVD派遣はイサク・アフメーロフ、赤軍第4部派遣はボリス・バイコフ
- 連絡要員：ウィタカー・チェンバーズ

- ワシントン
  - グループA（ウェア班）
    - ハロルド・ウェア（農務省）
    - ナザン・ウィット（農務省）
    - ヘンリー・コリンズ（農務省）
    - アルジャー・ヒス（国務省）
    - ドナルド・ヒス（国務省）
    - ビクター・パーロ（財務省）
    - ジョン・アプト（司法省）
  - グループB
    - アルジャー・ヒス（国務省）
    - ドナルド・ヒス（国務省）
    - ローレンス・ドゥーガン（国務省）
    - ノエル・フィールド（国務省）
    - ハリー・デクスター・ホワイト（財務省）
    - フランク・コー（財務省）
    - ロークリン・カリー（ホワイトハウス）

エリザベス・ベントレー告発

- 米共産党ニューヨーク本部：1938年から45年、ヤコブ・ゴロス
- ソ連側代表：NKVD 派遣、イサク・アフメーロフ

- 連絡要員：エリザベス・ベントレー

- ワシントン
  - シルバーマスター・グループ
    - グレゴリー・シルバーマスター（戦時経済局）
    - ソロモン・アドラー（財務省）
    - フランク・コー（財務省、戦時経済局）
    - ルドウィッヒ・ウルマン（財務省）
    - ベラ・ゴールド（財務省）
    - ロークリン・カリー（ホワイトハウス）
    - ノーマン・バスラー（司法省）
    - ジョージ・シルバーマン（陸軍省航空局）
  - パーロ・グループ
    - ビクター・パーロ（財務省）
    - ハロルド・グラッサー（財務省）
    - エドワード・フィッツジェラルド（戦時生産局）
    - ハリー・マグダフ（戦時生産局）
    - アラン・ローゼンバーグ（海外経済局）
    - ドナルド・ウィーラー（戦略情報局）
  - その他
    - マイケル・グリーンバーグ（海外経済局）
    - モーリス・ハルパリン（戦略情報局）
    - ジュリウス・ジョセフ（戦略情報局）
    - ダンカン・リー（戦略情報局）
    - ヘレン・テニー（戦略情報局）

ホワイトハウス断面図

〈本館拡大断面図〉

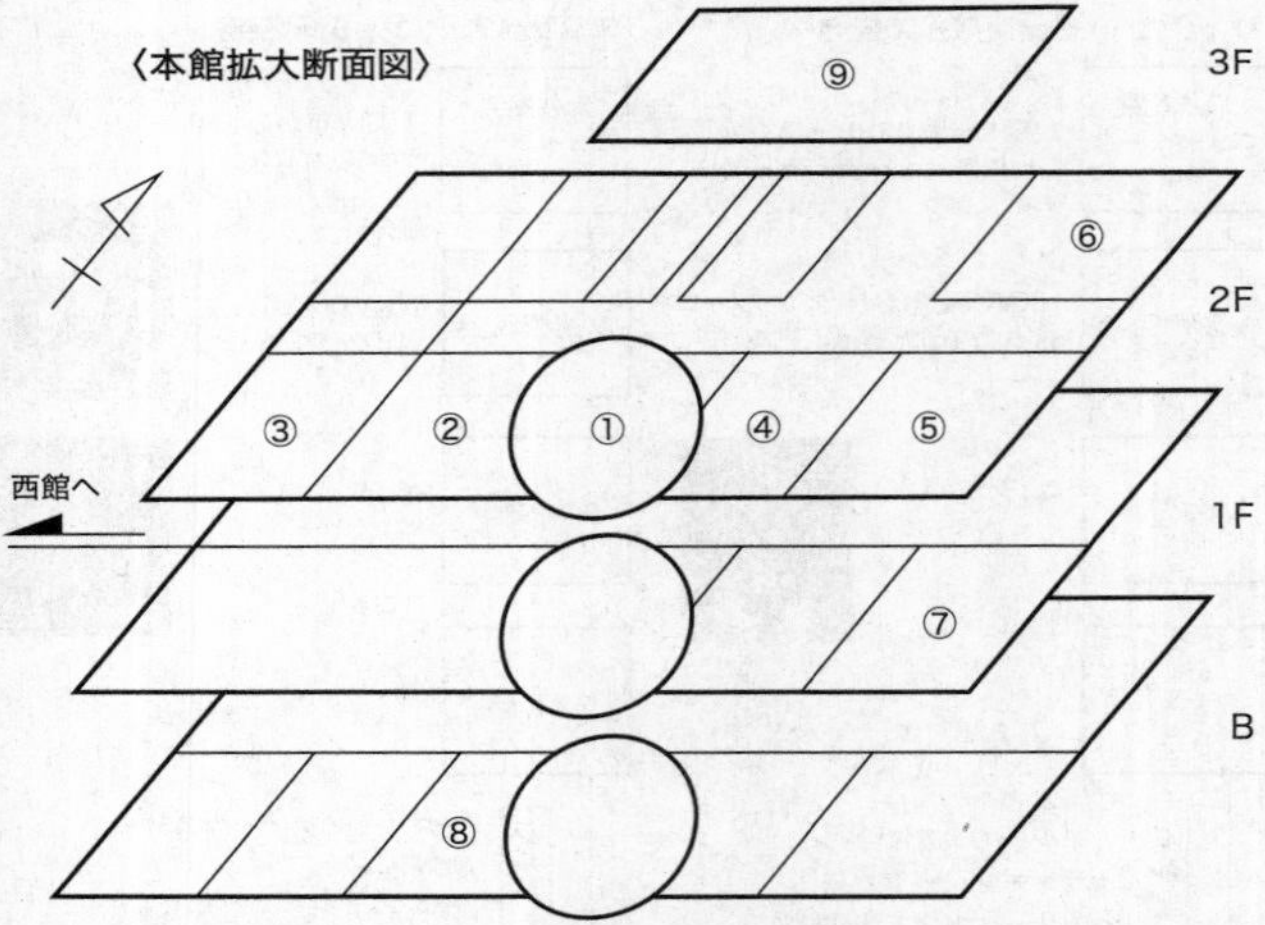

① オーバルスタディ
（「楕円の間」大統領書斎）

② 大統領の寝室、浴室

③ 大統領夫人、エレノアの
寝室、浴室

④ 談話室（カクテルルーム）

⑤ ホプキンズ寝室、浴室
ブルールーム

⑥ チャーチル宿泊室
（ローズルーム）

⑦ イーストルーム

⑧ 地図部屋

⑨ 来客宿泊室

〈西館拡大断面図〉

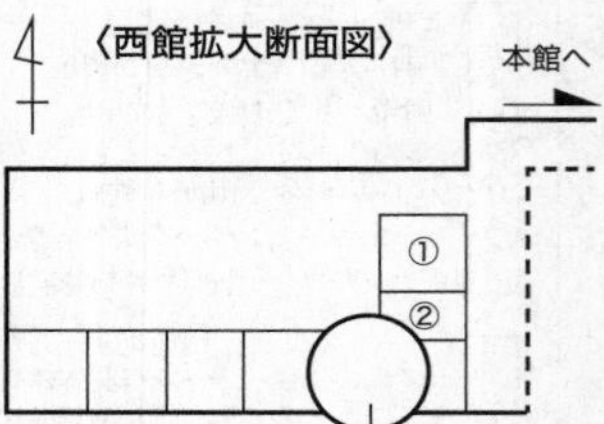

①閣議室

②秘書室

オーバルオフィス
（「楕円の間」大統領執務室）

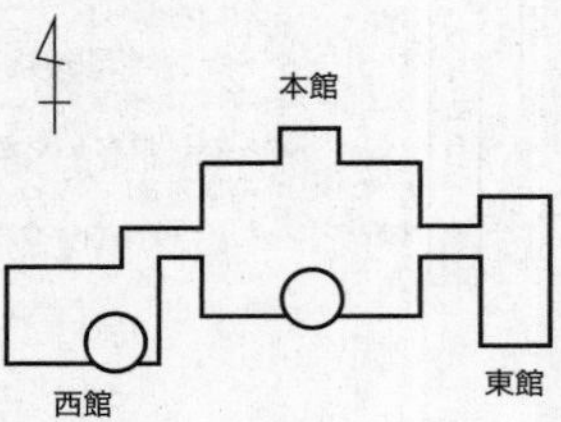

〈ホワイトハウス平面図〉

ルーズベルト秘録　下

第四部　奴らを追い詰めろ

日本空爆計画──中国機を装って五百機飛ばせ

一九三七年（昭和十二年）七月、盧溝橋に端を発した日中戦争は中国国民政府の首都・南京陥落後も泥沼の道をたどった。米大統領、フランクリン・ルーズベルトはこの戦争が日本の侵略行為であり、日本の勝利は米国の利益を損なうと考え、日本との対決を一層強めていた。

その対決姿勢は四〇年十一月三十日、抜き差しならない状態に踏み込んでいく。日本はその日、蒋介石の中国国民政府から離脱した元行政院長（首相）の汪兆銘《おうちょうめい》政権を正式に承認することになっていたからだ。重慶の駐中国大使、ネルソン・ジョンソンはその承認がいかに大きな意味を持つかについて警告している。

「（汪兆銘の）傀儡《かいらい》政権の承認は、日本が国民政府と蒋介石の破壊を決意したことを意味する。そうなれば、米国と日本の直接対決は不可避となるだろう」

蒋介石が倒れると、日米は間接的な対決状態から直接対決へと突き進むしかないと論じたこの電文がルーズベルトを突き動かした。十一月二十八日早朝、財務長官のヘンリー・モーゲンソーは大統領の電話で叩き起こされている。「絶対に極秘だが、われわれはフィリピン沖に艦隊を派遣した。今は中国の情勢が特に心配だ。何としても二十四時間以内に中国に対し五千万ドルの緊急借款を決めるよう手配してほしい」(ジョン・ブリューム著『緊急の時代』＊Ⅳ―1)

ルーズベルトが中国支援を急がせたのには理由があった。日本が汪兆銘政権を承認するのに対し、米国政府も蒋介石政権を支えることを世界に向けて宣言する必要が出てきたからだ。モーゲンソーは大統領の意図を理解し、二日間で計一億ドルの借款を議会に了解させている。

弱体化する蒋介石の国民政府を米国の資金で支えるという発想は汪兆銘が三八年暮れに日本側に寝返った時にスタートしている。当時、国務長官特別顧問をしていたスタンレー・ホーンベックは「中国が倒れるとアジアは次々と日本の影響下に陥る」と、冷戦時代のベトナム戦争への介入を思わせるドミノ(将棋倒し)論を展開し、ルーズベルトは明らかにそれに同意して、その時も二千五百万ドルの緊急支援を決めている(マイケル・シャラー著『中国における米十字軍』＊Ⅳ―2)。

だが、今回の一億ドル借款決定は資金レベルでの支援を超えたものだった。『モーゲンソー日記』によると、蒋介石が十一月下旬にルーズベルトに送った緊急支援要請は借款のほかに、戦闘機、爆撃機計千機と米軍事顧問団の派遣を強く求め、見返りに日本との戦闘を継続し、日米開戦の際には中国軍を米軍指揮下に編入することを約束していたのである。

ワシントンの宋子文（後列右から三人目）。座っているのはフランクリン・ルーズベルト（右）とウィンストン・チャーチル＝一九四二年六月二十五日

蒋介石はモーゲンソーに送った覚書で「五百機の戦闘機と米軍パイロットを派遣してもられば、広東と漢口（現在の武漢）を取り戻し、日本本土さえも爆撃できる」と訴え、米軍機による東京空襲というアイデアにモーゲンソーは異様なほど興奮している。十二月三日付の日記に「（英国大使に）四発エンジンの大型爆撃機で東京など日本の大都市を爆撃する計画があることを話した」と記し、同月八日にはホワイトハウスでの昼食会のあと、財務省に戻る車の中で中国国民政府ワシントン特別代表の朱子文と次のような会話を交わして

いる。

「蒋介石閣下の覚書を読みました。今、戦闘機はなかなか手配しづらいが、長距離爆撃機というのはどうだろうか。もちろん、東京など日本の大都市を爆撃するという条件を了解してくれるならですが……」

最初、驚いたような表情だった宋子文は「これでやっと報復できる」と大喜びし、モーゲンソーは「実はこれは大統領の考えでもあるんですよ」と念を押している。

『モーゲンソー日記』によると、モーゲンソーはこの時点で、日本空爆計画について大統領と具体的な話はしていない。ルーズベルトが「中国が日本を爆撃できるようになれば素晴らしいのに」と話したことがあるのを根拠に「大統領も了解している」と宋子文に伝えたのだった。

《モーゲンソーが指摘した大型爆撃機とは当時、世界最大の新型爆撃機といわれたB17のことで、「空飛ぶ要塞《ようさい》」と呼ばれた》

翌日、モーゲンソーは国務長官のコーデル・ハルを訪ねた。計画に反対しそうなハルを説得するためだ。ハルは朝食を食べたばかりで口をもぐもぐさせながらこう話している。

「ヘンリー、今われわれがやらなければならないのは、米軍機五百機をアリューシャン列島から日本に向けて飛ばすことじゃないのか。そうすれば、やつらも少しは考えるだろう」

全く予想しなかった強硬意見にモーゲンソーはまず驚き、「何だ、あんたも同じことを考えていたのか」と応じている。宣戦布告のないまま、中国機を装って爆撃するという前代未聞の日本空爆計画はこうして具体化に向けて動き出した。

素晴らしいアイデア——木と紙の家屋を焼き払おう

中国国民政府の蒋介石主席の要請から日本空爆というアイデアを得た米財務長官、モーゲンソーは一九四〇年（昭和十五年）十二月十九日のホワイトハウス閣僚会議のあと、ごく内輪の閣僚にだけそのことを打ち明けることにした。ルーズベルトの声がかりで「プラス・フォー」と呼ばれていた財務、国務、陸軍、海軍の四長官がゆっくりと席に着いた。

モーゲンソーは説得に難航すると思われたハル国務長官にはすでに了解を得ており、

成否はヘンリー・スティムソン陸軍長官とフランク・ノックス海軍長官という軍サイドの堅物二人をどう納得させるかにかかっていた。

閣僚室の大きな机にまず中国の大きな地図が広げられた。蒋介石の特別代表、宋子文が提供したその地図には中国南部と東部にある百三十六ヵ所の滑走路の位置が記してあり、そのうちの一つには日本の長崎、佐世保の海軍基地からわずか六百マイル（約九百六十キロ）と書き込まれている。モーゲンソーはこれによって航続距離の長い新型爆撃機「空飛ぶ要塞（B17）」なら日本本土に到達し、爆撃後の帰還も可能なことを説明したのだった。

地図を興味深げにのぞき込むルーズベルトの様子について「いかにもうれしそうだった」と、モーゲンソーは翌日、宋子文に伝えている。ルーズベルトはこの日、「プラス・フォーの間で計画をさらに具体化するように」と指示を与えた。

モーゲンソーは大統領の指示を受けて二十一日の日曜日に中国空軍将官や中国軍顧問の元米陸軍航空隊大尉、クレア・シェンノートらを自宅に集めた。

シェンノートの計画では、爆撃機は米軍パイロットと搭乗員だけで操作し、まずフィリピンの米軍基地に飛ぶ。パイロットらはそこで退役扱いとなって中国軍に月千ドルで雇用され、中国大陸の空軍基地に移る。そこから日本を爆撃するわけだ。爆撃機の整備に必要な地上要員も米軍が用意し、名目はともかく、あくまで米軍が作戦を仕切ることになる。

モーゲンソーはそんな説明に目を輝かせながら、「日本の家屋は木と紙で出来ているのだから焼夷弾《しょういだん》で焼き払おう。爆弾より軽いので航続距離が延びるというメリットもある」と提案し、シェンノートから「素晴らしいアイデアだ」と即座に受け入れられている（ダニエル・フォード著『フライング・タイガース』＊Ⅳ－3）。

中国で米軍兵士のソフトボール大会の開会式に臨むクレア・シェンノート（右）＝一九四五年

しかし、モーゲンソーには完璧と思えたこの爆撃計画は翌日、プラス・フォーの会合に加わった陸軍参謀総長、ジョージ・マーシャルと海軍作戦部長、ハロルド・スタークにあっさ拒絶されてしまう。ドイツ空軍と死闘を繰り広げる英国に提供しなければならない戦闘機や爆撃機を中国方面に回すわけにはいかないというのが反対理由だった。これに勢いを得たスティムソンも「そもそもこの計画はしっかりした米国の戦略ではなく中国人が考えた生半可なものだ」とこき下ろしている。

モーゲンソーもこれにはさすがに参り、爆撃機の代わりにカーチス戦闘機百機を中国に提供することをスティムソンやマーシャルに約束さ妥協している。

だが、日本爆撃計画はこれで消滅したわけではなかった。翌年五月、米陸海軍統合参謀本部によって大掛かりな「JB三五五作戦」が作成され、七月二十三日にルーズベルトが正式にゴーサインを出すからだ。

米国は伝統的に仮想敵国を色分けした国別の戦争計画を練っており、例えば、日露戦争直後に日本を仮想敵国として作成された計画は「オレンジ」と呼ばれた。だが、第一次大戦以来、多国間戦争が想定されるようになってからは七色の「レインボー」へと移行し、最新版の「レインボー5」は、英仏と同盟して日独と戦うことを基本戦略としていた。

ところが、頼みのフランスは四〇年六月に戦線離脱し、その見直し版である「ドッグプラン」が、モーゲンソーの日本爆撃計画とほぼ同時に大統領に提出されたのである。

立案者のスタークによると、「ドッグプラン」はドイツの勝利によって米国がじり貧状態に追い込まれるのではないかとの危機意識に根ざしており、まず英国を支援してドイツを叩き、その間は日本との戦争をできるだけ回避することを骨子としていた。つまり、中国軍機を装っての爆撃とはいえ、結果として日本との衝突が予想される際どい作戦は否定されたのだった。

米国の世界戦略はその後、基本的にはこの「ドッグプラン」に基づくことになる。ルーズベルトが計画提出を受けてわずか一ヵ月後、英戦艦「キング・ジョージ五世」に乗り込んだ五人の英軍高級将校がワシントンに到着し、米英初の本格的な軍事協議に入ったのもそうした路線を忠実に守ったものだった。

協議に先立ち、ルーズベルトは「プラス・フォー」の四人とマーシャル、スタークに対し次のように米国の目標を語った。

「太平洋方面は防衛に徹する。フィリピンへの海軍力増強も行なわない。十分に準備ができるまで地上軍派遣も避ける。その間、日本に対する爆撃の可能性については引き続き検討を重ねる」＊Ⅳ―4

空飛ぶ虎――屈強な男たちが待機した

早朝のサンフランシスコ湾は深い霧に包まれ、巨大なゴールデン・ゲート橋（金門橋）さえわずかに輪郭だけが浮かんでいた。一九四一年七月八日、長く尾を引く霧笛を響かせながらオランダ客船「イエーガースフォンタイン号」はゆっくりと岸壁を離れた。

この客船には、商人を装っているが、どう見ても軍人にしか見えない一群の屈強な男たちがいた。空母「サラトガ」艦載機のエースパイロットだったチャールズ・モットら百五十人である。彼らは国務省が周到に用意した偽パスポートを手にはるかシンガポールを目指していた。

米財務長官、モーゲンソーらが奔走した日本爆撃計画は四〇年暮れ、陸軍長官のスティムソンらの反対で一時的に頓挫《とんざ》したが、ルーズベルトの強い後押しもあり、新たに「米航空義勇隊（ＡＶＧ）」の編制が進められた。パイロット、地上整備員らを米軍から直接募集し、〝義勇兵〟として日中戦争に裏から参加しようという試みで、日米開戦後は「フライング・タイガース」と呼ばれた米航空部隊のことだ。

オランダ客船でひそかにアジアに向かったモットらはその「フライング・タイガース」の最初の中核部隊なのである（ダニエル・フォード著『フライング・タイガース』）。

ルーズベルトはモーゲンソーから日本爆撃計画を聞いて以来、ＡＶＧには強い関心を示してきた。四一年三月、それまで経済担当だったロークリン・カリーを中国問題特別補佐官に指名したのも、AVGの推進と日本爆撃案の復活が目的だった。

米国立公文書館にある資料「JB三五五」は、このAVGと日本爆撃案が実は表裏一体だったことを物語っている。「JB」とは米統合参謀本部のことで、JBに属する陸海軍の計画担当参謀たちは四一年五月から七月にかけて爆撃計画を入念に作り上げている。

まず、一連の計画案をみると、戦略目的については「日本本土の工業地帯を直接爆撃し戦争能力を事前に挫《くじ》く」とあり、日中戦争で空軍力に劣る中国を助けるというより、将来の日米対決を想定したいわば先制攻撃案だったことがうかがえる。

実施計画も、中国軍の非効率性を理由にパイロット、爆撃機、さらには指揮系統まで米軍から参加する必要性を指摘しており、義勇兵の形をとるとはいえ、実際の主体は米国だったことを明確に示していた。

ルーズベルトはようやく出来上がった「JB三五五」に満足していた。同年七月二十三日、オーバルオフィス（大統領執務室）に持ち込まれた提案書に「OK、FDR（ルーズベルト）」と大きなサインを書き込み、計画実施に最終許可を与えている。

サンフランシスコからホノルルを経由した「イエーガースフォンタイン号」は、カリーが手配した米巡洋艦やオランダ巡洋艦によるリレー護衛を受け、八月十一日にシンガポールに到着している。その後、別の三隻の客船に分乗したAVG参加者も加わり、看護婦を含む総勢三百人の「フライング・タイガース」がそろったのは八月下旬のことだ。

作戦には三百五十機のカーチス戦闘機と百五十機のロッキード・ハドソン長距離爆撃機が参加の予定で、うまくいけば九月下旬には東京や大阪に大量の焼夷弾をばらまいて木と紙の日本の家屋を焼き尽くすはずだった。だが、「フライング・タイガース」が集結したビルマの英空軍基地には十月下旬になっても肝心の爆撃機は到着しなかったのである。

ルーズベルトはこの遅れが政府内の調整不足にあるとみて側近のハリー・ホプキンズに対し十月二十四日付の覚書で「ハリーへ。何とか急がせろ、FDR」と書き込んでいる（ロバート・シャーウッド著『ルーズベルトとホプキンズ』＊Ⅳ－5）。

結局、「フライング・タイガース」の手元に届いたのは戦闘機ばかりだった。需要の多い爆撃機はその年の暮れになっても届かず、四一年十二月七日の真珠湾攻撃で日米が開戦すると、中国大陸を経由した日本爆撃そのものが反故《ほご》にされ、計画は闇に葬られた。

野村吉三郎が駐米大使に赴任した四一年二月からの日米交渉は行き詰まり、米国は七月二十五日にまず在米日本資産を凍結し、八月一日には対日石油輸出の禁止に踏み切る。ルーズベルトはそれとほぼ同時に日本爆撃を決意していたわけで、爆撃が計画通り実施されていれば、真珠湾攻撃の三ヵ月以上も前に米国が最初の一撃を放っていたことになる。

フライング・タイガースの戦闘機と警戒にあたる中国人兵士＝一九四二年

だが、四〇年十二月に大統領に提出された戦略案「ドッグプラン」によれば、米国はドイツをまず叩くことを重視し、日本との衝突をできるだけ回避することを基本戦略に置いていた。日本との戦争を招く可能性のある爆撃計画はそんな戦略にそぐわないのではないか。

実はこの頃、世界には新たな力関係が生じようとしていた。四一年六月のドイツによるソ連侵攻で米英ソの同盟が成立し、米英だけが日独と戦うのは不利という冷徹な計算を背景にした「ドッグプラン」は見直しを必要としていたのである。

日米開戦への機は熟していた。

決死の東京空襲――真珠湾への手頃な報復を

ルーズベルトは日本の真珠湾攻撃がよほど悔しかったのか、その報復ともいうべき東京爆撃計画にますます取りつかれていく。本来なら「フライング・タイガース」という米義勇軍が先制攻撃を行なう手はずだったのに、その先を越されたうえ、米太平洋艦隊が大きな打撃を受けたからだ。

ルーズベルトは信頼する米大西洋艦隊司令長官、アーネスト・キングらに「できるだけ早敵地（日本本土）を爆撃したい」と漏らし、キングは四二年一月初旬、直属の作戦将校、フランシス・ロウ大佐と「真珠湾への手頃な報復」を考え出すために頭をひねっている。

こうして誕生したのが空母から双発エンジンの爆撃機B25を発進させ、東京を直接、空襲するという当時としては常識はずれの計画だった。海軍側からドナルド・ダンカン大佐が機動部隊編制を担当し、陸軍では航空部隊のヘンリー・アーノルド将軍が爆撃機やパイロット選抜などを請け負った。

真珠湾攻撃から四ヵ月後の一九四二年（昭和十七年）四月二日昼過ぎ、サンフランシスコ湾にかかるゴールデン・ゲート橋（金門橋）に黒山の人だかりができた。爆撃機を艦上に並べた米空母ホーネットが橋の下をゆっくりと通り過ぎるのを眺めるためだ。前夜、巨大な飛行機をクレーンで運び上げる異様な風景を目撃した市民の話が広がり、否《いや》が応でも目を引いたわけだ。

米陸軍航空隊、ジェームズ・ドーリットル中佐が指揮する爆撃作戦はかなり意表を突く攻撃だった。艦載機をすべて格納し、大きな爆撃機を艦上に縛りつけて航行するホーネットは無防備状態で、日本本土攻撃に必要な五百マイル（八百キロ）圏内に近づくまでに空からの攻撃にさらされる心配がつきまとった。

しかも、B25は特殊装置で何とか空母から飛び出すことはできるものの、着艦は不可能だった。航続距離二千マイル（三千二百キロ）の爆撃機は爆弾投下後、まっしぐらに中国のどこかの滑走路を目指すしかなかった。また、東京を防衛する戦闘機の餌《え》食《じき》になる可能性も高く、最も操縦のうまいドーリットルが先陣を切って焼夷弾で火災を起こし、残りの爆撃機は闇夜にその炎を頼りに爆弾を投下する手はずになっていた。

この作戦は結果として成功した。日本の哨戒艇に見つかったためドーリットルはやむなく東京から六百五十マイル（千四十キロ）の海上から飛び立ち、後続の十五機も明るいうちに日本本土に到着したのだが、襲撃を予想していない日本の防衛システムが機能しなかったからだ。

爆撃機の一機は東条英機首相が搭乗する飛行機と東京近辺で遭遇しているが、日本側搭乗員はまさか米軍機が飛んでくるとは考えなかった。地上で手を振る子供たちの姿さえ確認された。十三機は反撃を受けることなく東京を爆撃し、残り三機は大阪、神戸、名古屋にそれぞれ五百ポンド（約二百二十五キロ）爆弾を投下して中国などに不時着し、八十人の搭乗員のうち七十一人が生還した。

《サミュエル・モリソン著『太平洋の旭日』とジョン・トーランド著『大日本帝国の興亡（昇る太陽編）』に、東京爆撃の様子が詳しい》＊Ⅳ-6

奇襲による被害そのものはそれほど大きくはなかったが、心理的効果は絶大だった。日本爆撃に執念を燃やし続けたルーズベルトは成功に得意満面だった。記者会見で「どこから飛び立ったのか」という質問に「シャングリラの秘密基地だ」と答えている。シャングリラとは当時、評判の小説『失われた地平線』（ジェームズ・ヒルトン著）に出てくる理想郷のことで、人を食ったようなこの説明に米国民は逆に大喜びした。

《ワシントン郊外の大統領静養地「キャンプデービッド」はルーズベルトが設営したもので、当時、シャングリラと呼ばれた》

真珠湾攻撃の米国版ともいうべきこの奇襲攻撃には、もう一つの狙いがあった。「フライング・タイガース」を使った日本爆撃計画が爆撃機の未着で不発になったが、ドーリットルたちの十六機がその時の埋め合わせをする予定になっていたのだ。しかし、燃料不足で不時着したり、整備の悪い滑走路で破損したりで、またしても待望の爆撃機は届かなかった（ダニエル・フォード著『フライング・タイガース』）。

ジェームズ・ドーリットルを起用した米国の戦時ポスター

敵を圧倒する物量と石橋を叩いて渡るような確実な作戦が得意の米軍にしては異例の奇襲は、真珠湾攻撃が米国にどれほどショックだったかを物語っている。ドーリットルは「もしダメだったらどこ日本の軍事施設を見つけて突っ込む。帰って来るつもりはない」とホーネットの乗員に決意を述べており、まさに決死の覚悟だった。

こうした成功にもかかわらず、真珠湾が米国に与えたショックの余波はその後も続いた。ドーリットルの奇襲作戦から一年後、日本の連合艦隊司令長官山本五十六に対する暗殺計画といってもよい「待ち伏せ作戦」が実行されたからだ。

ルーズベルトがノックス海軍長官を通じて米太平洋艦隊司令長官、チェスター・ニミッツに極秘で指示したとされる「ゲット・ヤマモト（山本を獲《と》れ）」という命令を証明する文書は今ではどこにも見つからない。だが、戦後、関係者の証言を丹念に集めた米国の研究書はドラマを地でいくような暗殺計画を克明に追跡している。

ゲット・ヤマモト――どんな犠牲を払っても遂行せよ

日本の連合艦隊司令長官山本五十六の墜死が米軍機の待ち伏せ攻撃によるものだったことを日本側が知ったのは終戦直後のことだった。一九四五年（昭和二十年）九月二日、戦艦ミズーリ艦上で日本の降伏文書が米側に手渡されてから数日後、米海軍長官、ジェームズ・フォレスタルは極秘だった山本墜死の陰の部分が暴露されたことについて怒りを込めて書いている。

「勝利がよほどうれしかったのか、誰かが山本提督の死が実は（日本海軍の）暗号をわれわれがすべて解読し、待ち伏せした結果だとしゃべってしまった。横浜の情報将校らはえらく怒っている。せっかく暗号担当の日本海軍の将校らからじっくりと事情を聴こうとしているのに、彼らは何と責任を感じて自殺をほのめかしているからだ。とにかくそんな話は作り話だと説得し、すべてを聞き出せと指示した」（『フォレスタル日記』＊Ⅳ−7）

戦後、『米海軍作戦史』の調査を手がけたロジャー・ピーノウ大佐は四九年、山本長官最後の飛行スケジュールを作成した連合艦隊幕僚、渡辺安次中佐から当時の様子を詳細に聞き出している。渡辺は調査が終わった時点で「あなたはずいぶん多くのことを聞こうとし、私もできるだけお答えしたつもりだ。今度はこちらから一つだけ質問してよいだろうか。どうやって長官を待ち伏せすることができたのか」と単刀直入に問いただした。

これに対し、ピーノウは「実は私は（その理由を）知っているが、軍への誓いがあり、残念ながらお答えできない」とすまなさそうに応じている（カーギル・ホール編纂『ブーゲンビルの稲妻』＊Ⅳ−8）。

《『米海軍作戦史』はルーズベルトの指示で、サミュエル・モリソン提督が完成させた第二次大戦中の米海軍史全十五巻》

一九四三年四月十三日、渡辺がラバウルの司令部から暗号文で発した山本長官の前線慰問のスケジュール表はアリューシャンにある米軍基地がまず傍受し、ハワイの米海軍解読室などの徹夜作業で翌未明には内容がほぼ明らかになっていた。

ハワイの真珠湾を見下ろす太平洋艦隊司令長官室で、長官のニミッツが解読文を受け取ったのは十四日午前八時二分。情報将校のエドウィン・レイトンからだった。暗号文を読み終えたニミッツは「奴《やつ》を獲るべきなのか」と穏やかな表情で問いかけている。レイトンはその問いに「日本にとって山本は掛け替えのない軍人です。もし提督が墜死すれば、われわれに代わりがいないのと同様です」と答えた。

こうして山本らが搭乗する爆撃機「一式陸攻」を南太平洋のブーゲンビル島上空で待ち伏せして撃墜する計画は、この地区を担当するウィリアム・ハルゼー提督に任された。ハルゼーは一年前の四二年四月十八日、日本爆撃に向かうドーリットルらを空母ホーネットから送り出し、今度はＰ38戦闘機十六機を派遣して敵のトップを狙い撃ちする作戦を見事に成功させている。

山本搭乗機を撃墜したとされるトーマス・ランフィアらの証言によると、この時の米戦闘機は護衛の六機の零式戦闘機には目もくれず、ひたすら爆撃機を追撃して撃墜し、後はまっしぐらに逃走した。ギャング世界のヒットマン（暗殺者）を彷彿とさせる襲撃だった（バーク・デービス著『山本を獲れ』）。

暗号解読に端を発した山本長官の暗殺は戦後、米国に新たな波紋を広げている。作戦の決定に大統領のルーズベルトが関与していた可能性が出てきたことに加え、当時、極秘だった暗号解読を日本に気づかれる危険を冒してまで遂行すべき任務だったのかという反省が出てきたからだ。

ウィリアム・ハルゼー（右）とエレノア・ルーズベルト（中央）＝一九四三年九月十五日

テキサス州にあるニミッツ提督記念館は一九八八年、そうした問題点を整理するため作戦に従事した軍人や学者、研究者を集めてパネルディスカッションを催している。参加者の大半は「ニミッツがワシントンに連絡しないはずがない」と考えながらも、証拠となる文書が見つからないと話す中で、当時、ガダルカナル航空司令部の作戦担当中佐で、暗殺計画を練った一人、ジョン・コンドン海兵隊中将の証言が注目を集めた。

「確か、特別仕様の命令書には〝いかなる犠牲を払っても遂行せよ〟とあり、ノックス（海軍長官）の署名があった。いつ、それを受け取ったかははっきりと覚えている。四月十六日金曜日だった」

つまり海軍長官からの直接の暗殺命令書が決行の二日前に到着し、その命令については当然ながら大統領の承諾もあったに違いないというわけだ。問題はコンドンが戦後、命令書の実在を確認しようとしたが、どうしても見つからなかったことだ。その理由について作為的に記録が消し去られた可能性が示唆されたにとどまっている。

また、暗殺事件で暗号解読が日本にばれるかもしれないという点については、山本機撃墜後、ハルゼーら当時の米海軍指導部も気づいており、極端に慎重になっている。だが、山本を暗殺する意義のほうがそんな心配を上回った。少なくともルーズベルトが真珠湾攻撃を象徴する山本を消し去ることの心理的効果について、強く自覚していたのは間違いないだろう。

戦争体験願望――「いかに味方を引き込むか」

第二次大戦を米国の最高司令官として指揮した大統領、ルーズベルトは、もう一つの世界戦争である第一次大戦もウッドロー・ウィルソン政権の若き海軍次官補として経験している。当時のルーズベルトは早くから戦争による決着を訴えるタカ派の一人だったが、砲火をくぐり抜けるという実戦体験を持つことはなかった。

そんなルーズベルトは一九一八年（大正七年）七月三十一日、ドイツ軍と英軍が対峙する前線からわずか六十四キロ西にあるフランス北部のダンケルクに降り立っている。前線視察が目的だったが、前年四月の米国参戦で勝敗の決した観のある前線では、砲弾跡や遠くに響く散発的な砲撃音ぐらいしか激戦の名残はなかった。

視察後、ルーズベルトは一層、実戦を渇望するようになる。帰国してから軍務を決意して大統領に海軍次官補辞任を伝えるのだが、ウィルソンは「それは残念だった。戦争はもう終わったよ」と、あっさりと答えた。数日前にドイツ側が米国に停戦仲介を打診していたのである。

デービッド・ケネディ著『恐怖からの解放』によると、この頃のルーズベルトが戦争体験を願望したのは「前線の悲惨さを知らないまま、ただ単に愛国的なロマンチシズムと銃後に居ることの後ろめたさからだった」という。

だが、学生時代から大統領を目指してきたルーズベルトには別の計算もあった。前線視察に向かう直前の六月、ルーズベルトは民主党指導部からニューヨーク州知事選への立候補を要請されたが、「戦争という非常事態だ」と拒絶している。

一見、愛国心から政治的野心を捨てたかのように見えるこの拒絶は実は、「その年の知事選で民主党が勝つ可能性が低く、戦後、戦争経験が政治家にとってむしろ大きな意味を持つ」という見通しに基づいたものだった（ロバート・ダレク著『フランクリン・ルーズベルトと米外交』）。

第一次大戦の経験が、後に第二次大戦におけるルーズベルトの判断に大きな影を落としたのは間違いないだろう。わずか二十年余りの間隔で起きた二つの戦争は、ドイツ対英仏という図式が同じだっただけでなくあらゆる面で密接に絡んだ連続的な出来事だった。

その意味で一九一五年五月七日の英豪華客船「ルシタニア号」（三二、〇〇〇トン）の撃沈事件は、米国が最終的に戦争に介入する事情を見事に解き明かしている。

ドイツ潜水艦による魚雷攻撃で一瞬のうちに沈んだルシタニア号の乗客千百九十八人のうち百二十八人は米国人だった。無防備の客船への攻撃はドイツに対する怒りを増幅させ、平和な米国に突然、参戦論が渦巻く。

ウィルソンは中立法を根拠に宣戦布告を踏みとどまったが、結局、事件は米国民を戦争準備へと駆り立てた。二年後に対独宣戦布告した時には、ルシタニア号事件が理由の一つに挙げられている。

だが、客船攻撃という、どう見ても卑劣な行為には別の側面もある。ルシタニア号を撃沈した理由についてドイツは当初から「戦略物資を運んでいたため、正当な戦争行為だ」と主張していたからだ。英国側はもちろんそれを否認したが、論争に決着をつけるはずの積み荷目録の公開を米国当局はかたくなに拒んでいたのである。

コリン・シンプソンが書いた『ルシタニア』によると、積み荷の保険金請求裁判で裁判所が問題の目録の提出を求めた際、所在さえ明らかにされなかったが、二十四ページの目録はそっくりウィルソンに提出されていた。大統領はそれを厳重に封印したあと、「大統領以外には開封できない」との命令書を添えて財務省倉庫の奥深く、しまい込んでいる。

目録にはルシタニア号の船倉に百七十三トンもの弾薬があったことが明示されていた。ドイツの主張が正しかったのである。ウィルソンはその事実を隠し通すことで、米国民の間に広がったドイツへの怒りをむしろ増幅させたのだった。

《ルシタニア号積み荷目録は現在、ルーズベルト記念図書館に保存されている》

第一次大戦におけるルシタニア号撃沈事件は、英国の巧妙な戦略の一端を見せた。当時の英海軍大臣、ウィンストン・チャーチルは自著『世界危機』の中で、第一次大戦中の英戦略について「いかに味方を戦争に引き込むかが勝利の行方を決した」と書いている。具体的には米国を参戦させることだった。

ニューヨーク港に停泊するルシタニア号

英海軍はこの方針に基づき、「英国籍がわからないようにするため、船名と登録名をペンキで塗りつぶし、英国領海を航行中は米国旗を掲げる」という運航規則を定めている。しかも客船の武装まで義務づけられ、ドイツ側にすればすべて戦闘艦船だったわけだ。

ルシタニア号撃沈事件は英国の巧妙な作戦に対し、イライラ状態の中でドイツ側が引き金を引いた国際的なスキャンダルだったのである。

これとほぼ同じ状況が二十六年後に起きた。その頃、大西洋で英海軍と死闘を繰り広げるドイツ潜水艦が中立国である米国の駆逐艦に対し魚雷を発射し、ルーズベルトはそれを機会に「ドイツ潜水艦を見つけ次第撃て」と命じたからだ。

最初の一撃――〝がらがらヘビ〟を撃ち殺す権利

ルーズベルトは一九四一年九月十一日のラジオ演説で「もはや米国の艦船も航空機も手をこまねいていない。海に潜む枢軸系（ドイツ）潜水艦を見つけ次第、われわれのほうが最初の一発をお見舞いする」と激しい口調で訴えている。その一週間前に大西洋で米駆逐艦「グリーア号」がドイツ潜水艦の魚雷攻撃を受けたことに声を荒らげたわけだが、後に「最初の一撃」スピーチとして記憶される演説は米国民にドイツとの戦争を強く予感させるものとなった。

だが、第一次大戦で米国民の怒りを買った客船「ルシタニア号」撃沈事件が実は弾薬運びの最中の出来事だったように、グリーア号の場合もルーズベルトが米国民に描いてみせたのとは全く違う状況下で魚雷攻撃を受けていた。

グリーア号はその日、英国哨戒機の連絡を受けてアイスランド沖に潜伏するドイツ潜水艦を追跡中だったのである。英哨戒機と連動してスピードを上げたグリーア号は三時間半後、潜水艦を追い詰め、英国機が四発の爆雷を投下した。その瞬間、潜水艦は矛先を駆逐艦に向けて魚雷を発射した。何のことはない、米駆逐艦はドイツ潜水艦と戦闘中に反撃を受けたのだった。

ところが、ルーズベルトは演説で「グリーア号はアイスランドに駐留する米兵に郵便を運ぶ途中に突然、攻撃を受けた」と述べ、「ドイツは手当たり次第に公海上の艦船を攻撃する。とりわけ米艦船が狙われている」と、ナチス・ドイツを〝海の無頼漢〟と決めつけたのである。

この演説はさすがにその後、「事実を曲げた内容だ」と指摘され、議会などでも追及されるが、ルーズベルトは「演説をした時点では詳細な報告を受けていなかった」と弁明している。

《『恐怖からの解放』の著者で歴史学者、デービッド・ケネディらは「大統領が報告を受けていないはずがない」と意図的な事実隠しを示唆している》

グリーア号事件の数日前、ルーズベルトはニューヨーク州ハイドパークの自宅で親しい友人らを集めて昼食会を催した。妻のエレノアがたくさんの客の間をかいがいしく回るのを横目に、ルーズベルトは片隅の小さなテーブルでマイロン・テイラーと話し込んでいた。テイラーはUSスティール社の前社長で、当時はルーズベルト政権のバチカン代表をしている。

「大統領、もし森を歩いていて、がらがらヘビを見かけ、しかもヘビが例のしっぽを鳴らしたら、撃ち殺すのは当然の権利ではないのでしょうか」

テイラーが言う「がらがらヘビ」とはドイツ潜水艦のことだ。ルーズベルトは四一年八月中旬の米英首脳会談で、大西洋における米艦隊の活動強化を約束しており、その際ドイツ潜水艦への攻撃許可を米大西洋艦隊に与えたばかりだった。宣戦布告のような攻撃許可についてルーズベルトはいずれ国民に説明しなければならず、テイラーはその相談を受けていた。

グリーア号事件は、ルーズベルトが攻撃許可で頭を痛めていた最中に起きた。事件の翌日、ルーズベルトは国務長官のハルと側近、ホプキンズを昼食に招き、事件をどう国民に説明するか話し合っている。冒頭の「最初の一撃」演説はこうして出来上がり、テイラーの例えにヒ

荒海を行くドイツの潜水艦

ントを得たルーズベルトはドイツ潜水艦のことを憎々しげに「大西洋のがらがらへビ」と呼ぶことも忘れなかった。

その夜、ルーズベルトは英国首相、チャーチルに向けて次のような電報を打った。

「首相閣下、極秘ですが、今度の月曜日にラジオで米駆逐艦に対するドイツの攻撃について語るつもりですが、その際、われわれが取り決めた大西洋での行動（潜水艦攻撃）を明確にすることになるでしょう」（ジョセフ・ラッシュ著『ルーズベルトとチャーチル』＊Ⅳ–9）

グリーア号事件は大西洋における米海軍のそれまでの防衛的な性格を決定的に変えた。ドイツと英国が戦争状態に入って以来、米国は英国支援を強めていたが、事件以降、米艦隊は潜水艦と交戦するようになり、十月には米駆逐艦の一隻が大破、撃沈されている。第一次大戦で米国は戦争状態に入るのに三年かかったが、第二次大戦ではそれより一年も早く交戦状態に入ったのである。

ルーズベルトは十月二十七日の海軍記念日に、そうした状況を踏まえて次のような演説を行なった。

「ついに撃ち合いが始まった。どっちが最初の一発を撃ったかは歴史に記録されるだろうが、問題は最後の一発をどちらのほうが撃つかだ。今日、この大きな挑戦を前に米国はデッキを整え、そして戦闘態勢をとった」（ロバート・シャーウッド著『ルーズベルトとホプキンズ』＊IV－10）

ルーズベルトはドイツとの緊張が深まった四〇年一月、米財務省倉庫の奥深くに保管されたルシタニア号の積み荷目録を持ってくるよう命じている。第一次大戦で米国参戦のきっかけを作ったルシタニア号の船倉には大量の弾薬が積まれていた。その事実を隠すため大統領、ウィルソンは目録を封印して隠していたのである。

ルーズベルトが二十五年後にわざわざその目録を取り出したのは、ルシタニア号事件の果たした歴史的意味を改めて噛みしめるためだったのだろうか。

水晶の夜——銃で難民阻んだ国境警備隊

アドルフ・ヒトラーが首相になった一九三三年以来、ドイツ国内のユダヤ人排斥は徐々に加速し、第二次大戦の火蓋《ひぶた》が切られる直前の三九年前半にはドイツから脱しようとするユダヤ人難民の数はピークに達している。その前年の三八年十一月、「クリスタルナハト（水晶の夜）」と呼ばれる事件が起きたからだ。ユダヤ人経営の店舗が組織的に襲撃された事件である。

飛び散った店舗のガラスは夜の街灯で水晶のようにキラキラ輝いた。叙情的なネーミングとは裏腹に、凍るような恐怖の夜を体験したユダヤ人の多くは、もはや逃亡以外に道はないと覚悟した。

民主主義国家の盟主を任じる米国大統領、ルーズベルトも事件が意味するところを察して「二十世紀の文明の時代には信じられない出来事」と非難し、駐ドイツ大使の召還を発表している。ヒトラーも対抗上、駐米大使を召還しており両国は外交ルートをなくしたまま戦争への道を歩むことになる。

だが、人道上の問題としてこれほどドイツを強く非難したルーズベルトも、それではユダヤ人難民を自ら受け入れるのかという実際問題になると単にきれいごとでは済まされない対応ぶりをみせる。

ドイツ豪華客船「セントルイス号」は三九年五月十三日、九百三十六人の乗客を乗せてハンブルク港を出発した。乗客の大半は「水晶の夜」でドイツ脱出を決意したユダヤ人難民で、船会社がキューバ政府移民局とタイアップし、キューバ滞在ビザと乗船切符をセットにして売り出した際に飛びついた人たちだった。

ところが、ハバナではキューバ政府が一方的にビザ無効を宣言した。上陸交渉の過程で二人が絶望して自殺するなど人道問題として世界の注目を浴びるなかで、セントルイス号は米国に向かう。乗客の家族に米国籍の人が多く、いずれは入国を認めてもらえるだろうという希望的な観測があったからだ。

だが、当時の米国は不景気を理由に移民制限を強めており、わずかな難民の上陸も認めようとはしなかった。セントルイス号は米フロリダ州マイアミ沖合で沿岸警備艇に取り囲まれた。銃を手にした国境警備隊が立ちはだかったのである。

セントルイス号の難民は結局、ユダヤ人救済組織の働きかけで英仏やオランダなどに分散上陸を許されるのだが、英国に上陸した者を除き全員が最後には侵攻してきたドイツ軍によって強制収容所に送られ、最初に上陸を許さなかった米国批判の原因となった（ソール・フリードマン著『安息地のない人々』）。

セントルイス号についてのルーズベルト自身のコメントや発言はほとんど見当たらない。ユダヤ系米国人で、難民救済に熱心だった財務長官のモーゲンソーがこの問題を担当する国務長官、ハルに電話で様子を聞いた記録は残っているが、結局は移民制限法の原則を貫くことの重要性が確認されただけで、ルーズベルトは難民の上陸を許すために政治力を行使する必要性までは感じなかったようだ。

ルーズベルトはその頃、難民問題を抜本的に解決するための全く奇抜な構想を抱いていた。

「水晶の夜」の数日後、ルーズベルトは静養地のウォームスプリングズに在イタリア大使のウィリアム・フィリップスや国務省の難民問題担当次官らを招いた。それまでに難民の受け入れを南米諸国に働きかけたり、アフリカに難民国家を建設するアイデアを英国に持ちかけたりしていたが、結果は芳しくなく別の対応策を迫られていたからだ。

その結果、次のような私信をイタリア首相、ベニト・ムソリーニに手渡すようフィリップスに指示している。

ユダヤ人難民を乗せたままキューバのハバナ港で立ち往生するセントルイス号

「ムソリーニ閣下、ミュンヘン会議における戦争回避の努力には素晴らしいものがありました。ところで、(イタリアが占領する)エチオピアの南西部をドイツのユダヤ人難民の入植地として提供することをご考慮願えないでしょうか。入植者が生産する衣服や工具類などでイタリアは大いに潤うでしょうし、米国は入植にかかる費用の一部を肩代わりする用意があります」

米国はそれまでにイタリアを非難する声明を何度か出し、三五年にイタリア軍がエチオピアに侵攻した際には経済制裁に踏み切っている。イタリアが手のひらを返したようなルーズベルトの要請を受け入れるはずがなく、ムソリーニは即座に「(領土の大きい)米国やソ連、ブラジルでさえ難民を受け入れようともしないのに」と、逆に米国をあざ笑うかのような声明を発表している(『安息地のない人々』＊Ⅳ-11)。ルーズベルトのこの奇抜なアイデアはユダヤ人世界会議によって糾弾されており、イタリアが応じたとしても、実現はありえなかった。にもかかわらず公式ルートで打診したルーズベルトの真意は測りかねる。米国がそこまで難民問題に悩まされていた証拠といえるかもしれない。

米議会は三九年、ロバート・ワグナー上院議員らが提出した二万人のユダヤ人子弟の米国受け入れ法案を否決した。可決に向けてルーズベルトが努力した跡はない。ところが、その翌年には英国人子弟を受け入れる法案が満場一致で可決されている。

目指すは上海——日本の通過ビザでやってきた

ドイツから流出するユダヤ人難民に頭を悩ました米大統領、ルーズベルトがエチオピアにユダヤ人のための入植地を建設するというアイデアを抱いた一九三八年は難民問題が世界を覆った年だった。

三月にナチス・ドイツがオーストリアを併合したためユダヤ人排斥はオーストリアに拡大し、暮れの「クリスタルナハト（水晶の夜）」で難民の大量流出はさらに加速している。逃げ出す先は限られていた。ユダヤ人たちの第一希望だった米国はセントルイス号の九百人余りの難民さえ拒んだように入国を制限しており、英仏はさらに厳しかった。シオニズム運動と呼ばれた英領パレスチナへの入植（第二次大戦後の四八年にイスラエル建国）も、英国が徐々に海上封鎖で閉め出しつつあった。

こうしたなかで中国の上海が有力な逃亡先として浮かんできた。当時、ビザ無しで上陸できる世界で唯一の大都市だったからだ。例えば、イタリアのトリエステ港を出発する客船で上海を目指す海上ルートのユダヤ人難民はその年、一万五千人にものぼった。安上がりのシベリア鉄道でアジアを目指し、満州経由で上海にたどり着く陸上ルートは三八年までに二万人を超えたとされている。

そうしたユダヤ人難民の一群が満州と国境を接したソ連領オトポール駅で立ち往生したという報告が日本の関東軍特務機関長だった樋口季一郎少将に寄せられたのは同

年三月八日のことだ。満州国外務部（外務省）が難民の入国を拒否したためで、セントルイス号の難民がキューバ政府から上陸を拒否されたのと同じ状況が満州国境でも起きた。

樋口は副官の安江仙弘大佐とともに満州政府に働きかけ、難民の入国をすべて認めさせている。このことでドイツから強い抗議を受けた樋口は関東軍参謀長だった東条英機を通じ次のように反論した。

「ドイツの政策が自国内で行使されることに対し何ら異存はないが、自国外にまで政策を押しつけるのはいかがなものか。（中略）日独関係が良好であることに賛成ではあるが、だからといって日本がドイツの属国になったわけではない。（抗議する）ドイツの姿勢もはなはだ問題だが、それを一緒になって持ち込んでくる日本外務省や陸軍にも問題がある」（デービッド・グッドマン、宮澤正典共著『日本人の心にあるユダヤ人』＊Ⅳ―12）

日本は満州事変以降の米国との対立の中で、三六年に日独防共協定を結んだドイツとの関係を強化しつつあった。だが、ドイツを追放され、アジアにまで流れ出したユダヤ人難民をめぐってはむしろ衝突が起きていたのである。日本政府は三八年十二月六日、ユダヤ人難民の扱いをめぐって五相会議を開いている。五相とは首相、外務、陸・海軍、大蔵の主要閣僚で構成する当時としては最高の意思決定機関のことで、その日、「猶太（ユダヤ）人対策要綱」を決定した。要旨はおおむね次のようなものだった。

「人種差別をしない国是に基づき日本政府は次の方針を周知徹底する。

①日本、満州国、中国に住むユダヤ人を他の外国人と変わりなく平等に扱い、追放などの措置は決して行なわない。

②日本、満州国、中国に入国希望するユダヤ人は現行の移民法で平等に扱う。

③日本、満州国、中国へのユダヤ人誘致を特別に行なわないが、技術者や商業者ら役立つ可能性のある場合は積極的に受け入れる」（『猶太民族問題十三巻』）

ユダヤ人難民を積極的に受け入れるわけではないが、やってくる難民には「来るものは拒まず」の姿勢で対応しようというわけだ。外務省もこの決定に基づきユダヤ人難民に日本への入国ビザは発行しないが、「二百五十ドル以上を携帯し、行き先国の決まった者には通過ビザを発行する」ということになった。

日本の通過ビザは、第二次大戦直前の欧州で逃げ道をなくしたユダヤ人難民に最後の脱出ルートを提供した。三九年九月、ドイツがポーランドへ侵攻した結果、難民たちは西の出口を塞《ふさ》がれて東へ逃れるしかなく、ソ連が日本の通過ビザ所持者にシベリア行きを許したからだ。

ポーランドを逃れた難民たちが主に駆け込んだのはリトアニアの在カウナス日本領事館だった。領事代理の杉原千畝《ちうね》は四〇年七月下旬から約一ヵ月の間に二千百三十九枚の通過ビザを発行している。

同じ頃、ドイツのハンブルクの日本総領事館も半年に八百四十一枚のピザを発行しており、結局、約六千人がぎりぎりの段階でシベリアを経由して日本に向かい、神戸などに数ヵ月間、滞在したあと米国や上海に逃れた。

カウナス領事館と外務省の電文でのやりとりをみる限り、杉原の乱発ともいえるビザ発行は外務省を怒らせているが、外務省は発行ビザを無効にはせず、すべての難民は速やかに敦賀港に受け入れられている。

また、カウナス領事館がソ連のバルト三国併合で閉鎖された後も、転属になった杉原がビザの乱発を理由に特に処分を受けることはなかった。

セントルイス号で米国を目指したユダヤ人の多くが強制収容所に送られたのに対し、ドイツの友好国、日本の通過ビザを手にしたユダヤ人たちが最後には米国に到達していることは、歴史の皮肉というほかない。

三つの手紙――ドイツを恐れ、最終兵器を求めた

ナチス・ドイツの「クリスタルナハト（水晶の夜）」に衝撃を受けたユダヤ人の多くが欧州を離れる決意をし、難民となって世界中にあふれ出たが、著名な科学者や芸術家たちはむしろ招かれるようにして移民となった。日本が「水晶の夜」直後に決定した「猶太（ユダヤ）人対策要綱」で技術者や商業者を優先して招くことを明記したのも、これら流出する頭脳に魅力があったからだ。新響常任指揮者のヨセフ・ローゼンシュトックや東北大学哲学科教授のカール・レーヴィットらが日本に招かれているが、科学者の大半は結局、米国へと流れた。

イタリアのローマ大学理論物理学教授で後に原子爆弾の開発で知られるようになるエンリコ・フェルミもその一人だった。

一九三八年十一月十日、自宅のラジオで自身のノーベル賞受賞決定のニュースを晴れやかな気持ちで聴いたフェルミは次の瞬間、顔をしかめている。同じアナウンサーがドイツで起きた「水晶の夜」の恐怖を伝えたからだ。妻がユダヤ人だったフェルミはその意味をじっくりと考え、ノーベル賞賞金を手にニューヨークへ船出している。

《デービッド・ケネディ著『恐怖からの解放』によると、ヒトラーが政権に就いた三三年、公職を追放されたユダヤ人学者三十人が米国に移住したのに続いて「水晶の夜」で逃げ出す学者は後を絶たず、戦前だけで百人もの科学者が米国籍になった》＊Ⅳ—13

米国市民となったユダヤ系科学者たちは三九年二月、英国の科学雑誌「ネイチャー」に掲載された特集記事に愕然《がくぜん》としている。記事はベルリンのカイザー・ウィルヘルム研究所でドイツ人科学者、オットー・ハーンらが世界最初の核分裂の実験に成功したことを報じており、「とてつもない破壊力の爆弾」が理論上、製造可能になったことを物理学者なら理解できたからだ。

原子爆弾の開発に着手するよう米国の大統領に直訴することを最初に思いついたのは、ハンガリーから米国へ逃れたユダヤ人物理学者、レオ・シラードら三人だった。シラードは知人で著名な物理学者、アルバー・アインシュタインにも声をかけ、念入りに時間をかけて三通の書簡を作成している。

三つの手紙を託された経済学者、アレキサンダー・サックスは三九年十月十一日、ルーズベルトを訪ねた。時間があまりないといわれ、サックスはいきなり次のように話している。

「ナポレオンはかつて蒸気船でドーバー海峡を越えることができると説得した米国人技師に耳を貸さず、結局、英国征服を果たせなかった。この技師は実は後に革命的な蒸気船を発明したフルトンだったのです」

そう前置きしてサックスが読み上げたアインシュタインの手紙は、シラードとフェルミが理論上、可能とした核連鎖反応についての説明とともに米国が原子爆弾開発に早急に着手すべきだと訴える内容だった。ドイツはチェコスロバキアで産出するウラニウム輸出を禁じており、開発がすでに始められているとの推測も付け加えられた。

説明を聞いたルーズベルトは「つまり、ドイツはわれわれを吹き飛ばそうとしているわけだな」と言って早急な対応を側近に命じた。極秘の核開発が始まり、四二年六月には陸軍工兵科に原爆開発という特殊任務の「マンハッタン管区」が大統領令で設置された（リチャード・ローズ著『原爆の製造』＊Ⅳ−14）。

ルーズベルトに核開発を促す手紙を書いたアインシュタインは三三年にヒトラーか

ら逃れて米国に移民したユダヤ人学者の一人で、第一次大戦中のドイツでは平和主義を貫いたことで知られた。戦車や毒ガスなど大量破壊兵器を生み出したことに科学者としての良心を痛めたからだ。それが一転して最終兵器の開発を主張したのは、ドイツの科学力を強く恐れたためだった。

同じく平和主義者で、高名な物理学者のエドワード・テラーは四〇年五月にルーズベルトの演説会を聞いて同様の痛みを感じている。

「米国へ来て以来、実は政治にはかかわりたくなかった。しかし、ドイツがオランダやベルギーに侵攻したことに怒りを感じて演説会にやってきた。大統領は文明の危機を訴え、それを可能にした恐ろしい武器を発明した科学者を非難し、自由主義陣営の科学者は（対抗できる）武器を開発する義務があると訴えたとき、私はその通りだと決意した」（『原爆の製造』）

テラー、シラード、フェルミの三人は米国の原爆製造に重要な貢献をし、四五年七月十六日、史上初の原爆実験を成功させる。その三人にナチス・ドイツに対する復讐心があったのは否めないだろう。原爆がドイツではなく日本に投下されると知った時、シラードらは道徳面から原爆使用を控えるようハリー・トルーマン大統領に訴えている。

米国のユダヤ人金融家、ヤコブ・シフは一九〇四年、日露戦争で二億ドルを調達し、日本の勝利に貢献した。同盟国の英国でさえ貸し渋った時にシフが日本を助けたのは、ロシアで起きたポグロム（ユダヤ人虐殺）に対する復讐のためだったと伝えられている。それから半世紀を経た四五年八月六日、ユダヤ人学者の執念で完成した原爆が広島に落とされた。

隣の火事――「敵の敵」支援という巧妙な〝制裁〟

満州事変が始まった翌年の一九三二年（昭和七年）一月、日本の中国侵略を強く非難した米国の「スティムソン・ドクトリン」は米外交の転換点となった。それまで西半球（南北アメリカ大陸）という自らの勢力圏外での外交干渉を避けてきた米国がこれによって武力介入にも等しい経済制裁を示唆し、グローバルパワーとして生まれ変わるきっかけになったからだ。

三三年に米大統領となったルーズベルトは就任前から「スティムソン・ドクトリン」が提唱する経済制裁を意識していた。徐々に米国の脅威となりつつあったナチス・ドイツへの対応をめぐり、ルーズベルトは三五年春、エドワード・ハウス大佐に次のような手紙を書いている。

「フランス、イタリア、英国がもし何らかの行動を起こすとすれば、ドイツと武力衝突する前に封じ込めを実施したほうがはるかに賢明と思われる。陸上、海上から封鎖してしまえば、経済制裁と同じ効果を得ることができる。しかも、米国は不買措置や輸出入禁止などの経済制裁をとるには議会承認など面倒な手続きが必要なのに対し、封鎖だと大統領権限で行使できるからだ」（ルーズベルト記念図書館所蔵＊Ⅳ―15）

ウッドロー・ウィルソン

ハウスはウッドロー・ウィルソン大統領の懐刀として第一次大戦の戦後処理などで活躍し、同じウィルソン政権の海軍次官補だったルーズベルトの強い敬愛を受けていた。それだけに率直ともいえる文面からはルーズベルトが経済制裁や封鎖を重視していることをうかがい知ることができる。

だが、前大統領のハーバート・フーバーが「憎悪や敵愾心《てきがいしん》を増幅させる経済制裁は、相手が小国の場合は有効だが、大国である場合は、すなわち戦争を誘発する」(『回想録』)と警告したように、経済制裁は戦争の危険を常に伴っていた。ルーズベルトが実行をためらってきたのもそのためで、相手国が果たして逆襲してくるのか、さらに戦争になった場合に勝算はあるのかといったぎりぎりの判断が重要になってくる。

日本軍機が揚子江上の米砲艦パネー号を誤爆して撃沈した直後の三七年十二月十七日、ルーズベルトは緊急閣議を招集している。怒りに声を震わせる大統領は開口一番、日本に対する経済制裁を明言した。

「われわれには綿、石油、その他あらゆるものを日本に対して禁輸する権利があり、その検討に入った。また、英国と協力してアリューシャン列島からシンガポールにかけての海上ライン封鎖の可能性を検討しており、これによって日本は一年以内に屈するだろう」

ルーズベルトは実際、この前日に駐米大使と海上封鎖の技術的な問題点を話し合っており、経済制裁に踏み出すのは時間の問題だった。

だが、その数日後、ルーズベルトは日本の陳謝と賠償申し入れをあっさりと受け入れている。大統領就任以来、日本への経済制裁を常に考慮してきながら結局、直前で回避した理由について、『FDRと米外交』の著者、ロバート・デレクは次のように推測している。

「ルーズベルトは開戦せずに日本を屈服させたかった。制裁によって軍事行為と同じ効果を狙いながらも、日本との戦争はまだ望んでいなかったのである」

その推測を裏付けるようにルーズベルトは閣議後、議会に海軍の大幅増強予算案を提出している。経済制裁を有効にするには圧倒的な力を背景にする必要があったのである。

力を背景にした経済制裁によって仮想敵国を抑止するという考え方はパネー号事件を境に加速した。閣議でのルーズベルトの次の説明が、それを端的に物語っている。

「とにかく、日本やイタリアは宣戦布告もせずに（中国やエチオピアを）侵略しているのだから、われわれが同じテクニックを用いない手はない。例えば経済制裁だ。経済制裁といわずに隔離とでも呼べばよい。われわれは日本やイタリアと同じぐらいにずるがしこくなりたいわけだ」(『FDRと米外交』*Ⅳ-16)

ルーズベルトが「ずるがしこく」と表現した「経済制裁という戦争行為」はその後、ドイツと対峙した英国への駆逐艦提供や武器援助のほか、日本と戦う中国へのさまざまな支援で結実していき、四一年三月に友好国への武器支援を法制化する武器貸与法が成立することでさらに具体化する。

ルーズベルトはこの法律についてラジオの炉辺談話で次のように説明している。

「もし隣人宅が火事になれば、消し止めるのにホースが必要だ。それを貸してあげるのは当然でしょう。そのとき、ホースの代金を請求するのは妙な話だし、ホースは後で返してもらえばよい」

戦争を「隣の火事」、武器を「ホース」に置き換えたルーズベルトのスピーチは、武器を交戦国に提供することが実は間接的な戦争行為であることをうまくカムフラージュしていた。大国への経済制裁が戦争の危険を伴うのに比べ、「敵の敵」を武器や資金で支援するこの介入は、ドイツや日本との直接対決を避けながらも巧妙な〝制裁〟となった。

三国協力――利益が共通ならそれでいい

一九四〇年秋、世界は風雲急を告げていた。前年九月、ポーランドに侵攻したドイツ機甲師団は西に転じてフランスを蹴散らし、英軍にはダンケルクからの屈辱の撤退を余儀なくさせていた。英仏を支えてきた米国は慌てた。英国が倒れれば、次は米国が前面に出る。そのドイツが日本と手を結べば、東西から挟み撃ちという恐怖のシナリオさえ考えられたからだ。

日独伊の軍事同盟（三国同盟）が成立する八日前の九月十九日、ホワイトハウスの閣議はそうした危機意識を反映して緊迫ムードに包まれていた。大統領のルーズベルトは苦虫を嚙みつぶしたような閣僚を見回して「アジア、つまり太平洋方面をどう扱うかを明確にしたい」と切り出した。

フランス敗退で仏領インドシナ（現ベトナムなど）北部には日本軍が駐留することになり、米国はその対応を迫られていた。中国への軍事支援ルートが攻撃を受ける危険が出てきただけでなく、オランダ領東インド（現インドネシア）や米植民地のフィリピンが直接の脅威にさらされるからだ。中国を支援し、日本を抑止する戦略を取ってきた米国は、日本との直接対決も辞さない決意を示すため経済制裁に乗り出すべきかどうかの決断を迫られていた。

陸軍長官に就任したばかりのスティムソンは「とにかく経済制裁、特に石油禁輸を実施すべきだ」とこれまでの強硬論を繰り返したのに対し、国務長官、ハルは「すでに屑鉄の対日禁輸の準備を進めており、中国への二千五百万ドル支援も間もなくOKが出るはずだ。しかし、石油禁輸は危険だ。日本が東インドの石油を求める口実を与える」と反論している。

日本を刺激したくないという苦渋が閣議を覆ったそのとき、財務長官のモーゲンソーが全く新たな日本対策を持ち出した。

「この際日本に言うことを聞かせるため、ロシア、中国とわれわれが手を結ぶというのはどうか。アジアで三国が手を結ぶというアイデアは、もともと大統領が二、三ヵ月前に持ち出した考えではあるが……」

モーゲンソーが後にその年における最高の貢献だったと自画自賛したこの日本封じ

込め案はルーズベルトを喜ばせた。モーゲンソーが三十分近くも熱弁を振るったのを受け、ルーズベルトは「ヘンリー、ロシア人に早速その話をしてくれ」と厳命して閣議を終えている。

《閣議の様子はモーゲンソー日記を基にジョン・ブリュームが書いた『緊急の時代』に詳しい》＊Ⅳ—17

当時の国際情勢を考えた場合、米中ソの日本包囲網は、突拍子もないようで、かなり実現性のあるアイデアだった。三九年に不可侵条約を結び、事実上、ドイツと同盟関係にあったソ連は米国から購入した戦略物資をドイツに転売するなど欧州では米国の〝敵〟のような振る舞いをしていた。だが、ソ連はその一方でアジアの日本を仮想敵国として蔣介石の中国国民政府を裏から支えていたからだ。

ソ連との交渉に反対する国務省に対し、スティムソンも「ロシア人は信用できないし、ドイツとそう変わらない悪だが、やつらの太平洋での関心事はわれわれと同じだ。双方の利益が共通なら、それでいいではないか」とモーゲンソーを側面支援している。

九月二十日、モーゲンソーの手配通りソ連の駐米大使、コンスタンティン・オーマンスキーが米財務長官室を訪れている。米側からはモーゲンソーのほかに米輸出入銀行総裁、ジェス・ジョーンズが加わった。

ジョーンズが説明した三国協力とは、ソ連で産出するマンガン鉱を米国が高く買い付け、その代金相当の軍需物資をソ連が中国に手渡すという内容だ。これだと、ビルマのジャングルを抜ける支援ルートを使うより安全だし、ソ連の参加で日本は釘付けになるという計算だ。

オーマンスキーは「(中国代表の)宋子文との話で出たことだ」と前置きしたうえで、「米中は良好。露中も良好。だが、何と言っても米露がこう悪くては、なかなかうまくいかない」と首をかしげ、本国に問い合わせることを約束している。

九月二十七日に米国が恐れた三国同盟が公式に発表されると、モーゲンソーはスティムソンとともにソ連説得にさらに力を注いだ。ソ連指導部は結局、はっきりした回答を出さなかった。交渉がまだモスクワで進行中だった十月三日、ルーズベルトはモーゲンソーに次のように歯噛《はが》みしながら述懐している。

「どうもロシア人たちは垣根の向こうで高みの見物を続ける魂胆のようだな」

欧州でドイツと英国が戦い、アジアでは日中が泥沼の戦いを続けるなかで、その二つの戦場をつなぐ位置にいるソ連が果たしてどちらにつくのか。ルーズベルトがソ連懐柔を図ったように、ドイツのヨアヒム・フォン・リッベントロップ外相も同年十月十三日、ソ連のヨシフ・スターリンにあてて三国同盟への参加を強く説いている。独ソ秘密会談がベルリンで開かれたのはそのほぼ一ヵ月後だ。

だが、スターリンは米独いずれの誘いにも乗らず、ドイツのソ連侵攻（四一年六月二十二日）によってやっと米英との同盟に踏み切っている。

独ソ戦——スターリン自ら参戦を求めた

一九四一年六月二日、ヒトラーとイタリアのムソリーニはオーストリアとイタリアが接すブレンネル峠で会談した。あれほど容赦なかったドイツ軍のロンドン猛爆撃はなぜかほぼ一ヵ月前にピタリと止まっている。突然の会談と空爆停止に何らかの関係があるのだろうか。

米陸軍に寄せられる情報では、ドイツ軍はそのとき、ソ連と国境を接するポーランド占領地に大集結していた。そして軍情報に追い打ちをかけるように米国の駐ソ大使、ローレンス・スタインハートからは次のような至急電が国務省に届いた。

「ドイツ、イタリア外交団の妻や子供たちが大脱出を図っている。いろんな理由をつけているが、どうも怪しげだ。ドイツ大使館の参事官などは、いつも連れ歩いていたペットの犬を慌ててベルリンに送り返した」

ルーズベルトの手元にはここ数ヵ月、こうした情報が束になって届けられていた。いずれもドイツ軍のソ連侵攻という展開を予想しており、スタインハートの電文はその最終裏付けの意味を持っていた。（ロバート・シャーウッド著『ルーズベルトとホプキンズ』）

二百万を超えるドイツの大軍は同年六月二十二日未明（現地時間）、すさまじい砲撃とともにソ連国境を越えた。米英両国の指導部はこの事態をある程度、予想していたとはいえ、実際に起きてみると世界戦略を一気に書き換えるほどの大事件であることが実感できた。最初にその意味をルーズベルトに報告したのは、陸軍長官のスティムソンだった。

「ドイツ軍侵攻から三十時間がたったので独ソ戦を検討してみたい。参謀総長、参謀戦争計画部の面々と話し合った結果、ドイツ軍はこれで少なくとも一ヵ月、たぶん三ヵ月はロシア戦線に釘付けになるという結論に達した。この貴重な時間とチャンスを使って、大西洋方面で活発に活動する必要がある」

英国がどこまでドイツの猛攻に耐えられるのかもわからないまま、日独に挟まれる格好だった米国は四〇年十二月、日本との衝突を避け、まずドイツ粉砕に全力を挙げる「ドッグプラン」を採用していた。だが、独ソ戦によって最大の敵、ドイツは東方に釘付けになり、英ソ包囲網がクローズアップされたのである。

これ以降、ソ連支援を通じてドイツと対峙する米英は、ソ連の実情を知るためにルーズベルトの側近、ホプキンズをモスクワに派遣している。初の米英首脳会談（大西洋会談）の打ち合わせでロンドン滞在中だったホプキンズは四一年七月三十日、大統領特使の肩書でモスクワに到着した。

翌日午後六時半、クレムリンを訪れたホプキンズはいつ果てるともない長い廊下を抜け、第一号室と名付けられた執務室でソ連首相、スターリンと対面している。出迎えたスターリンは想像以上に小柄だったが、がっちりした体格で、カーキ色の軍服を着用していた。
ヒトラー打倒のためソ連支援を誓うホプキンズに対し、スターリンは短い感謝の言葉とともに即座に必要な軍事物資リストを差し出した。リストには銃砲類や航空機用燃料などに加え、航空機生産用のアルミニウムなども書き込まれており、ホプキンズは「ソ連が長期戦に自信を持っている」と書いている（ジョージ・マックジムジー著『ハリー・ホプキンズ』）。

ヒトラー（右）とムソリーニ

ホプキンズは二日間のモスクワ滞在中、スターリンの右腕といわれた外相のビャチェスラフ・モロトフとも会談し、モロトフから「米国はアジアにおける日本の戦争行為を阻止するためもっと強い姿勢をとれないものか」と指摘されてギクリとしている。実はモスクワ訪問前、ロンドンで会った英国首相、チャーチルからも同じ指摘を受けていたからだ。

独ソ戦が始まったことにより、日本の動きが急速に焦点になりつつあった。米国はかつて、ソ連を引き込んで日本包囲を画策したことがあるが、ドイツと戦うことになったソ連は今度は、その米国を前面に引き出す必要に迫られていたのである。

独ソ戦とそれに続くホプキンズのモスクワ訪問は第二次大戦における戦略上の最大の転換点となった。どちら側なのかはっきりしなかったソ連がドイツに強制された結果とはいえ、米英の側に立ち、それに突き動かされる格好で今度は日本と米国がそれぞれの立場を明確にする必要が出てきたためだ。スターリンはホプキンズとの二度目の会談の際、次のように語っている。

「ところで、今の時点でドイツを打ち負かすには貴国（米国）が参戦する必要がある。われわれは米国の兵士が一緒に戦うのを見たがっていると大統領にお伝えください」

これに対し、ホプキンズは「私の任務は支援物資に限られている。参戦問題については何とも申し上げかねる」と答えたが、すでに日本への経済制裁に踏み切っていた米国はこれ以降、日本との対決コースを早めていく。

制裁発動――九年半経て最も厳しい形で

ドイツ軍のソ連侵攻による国際情勢の劇的な変化は一九四一年七月、太平洋アジア方面にも徐々にだが、波及していった。仏領インドシナ（現ベトナムなど）北部に進出していた日本軍は南部へと動く気配を見せ、米国が態度を硬化させつつあった。

その少し前の六月下旬、ルーズベルトは「米国の立場から見れば独ソ戦を機にすべての問題が一挙に噴出するだろうし、戦争がいつ起こるかわからない状況となった」と駐米英国大使のハリファックス卿に語っている。まさにその通りの展開になってきたのである（ジョセフ・ラッシュ著『ルーズベルトとチャーチル』）。

七月中旬、ルーズベルトはホワイトハウスの執務室で日本の外交電文を読みながら怒りで顔を紅潮させていた。中国・広東の日本総領事が七月十四日、東京あてに打電したものを傍受した電文で、当時、米国は「マジック情報」として解読に成功していた。翻訳された内容はおおむね以下の通りだった。

「仏印（インドシナ）占領後の計画はオランダ領東インド（蘭印＝現インドネシア）に対する最後通告の発送である。作戦の主力は海軍になるが、陸軍もシンガポール占領に一個師団、蘭印占領には二個師団を投入する。その際、各基地の航空隊と潜水艦部隊をもって英米の軍事力を粉砕する……」

米海軍作戦部はこの電文について「単なる希望的観測であって直接、軍事行動を起こす指令ではない」と判断したが、日本がインドシナ半島全域に野心を持ち、英国領マレー、シンガポールのほか、米植民地のフィリピンや米軍が駐留する東インド諸島にも手を広げる機会をうかがっているとの疑念は強まった（ロナルド・ルウィン著『もう一つのウルトラ』）。

《マジックは「パープル（紫）」と呼ばれる暗号機で作成される日本の外交電文のことで、米国は暗号機を複製し、解読に成功していた》

七月初めには、米国内の対日経済制裁論がかつてないほど強くなっていた。英国を支援してドイツを打倒し、その後に日本を粉砕するという「ドッグプラン」を打ち出し、日本への経済制裁には慎重だったルーズベルトも七月後半になると経済制裁に向けて大きく舵《かじ》を切る。

日本の駐米大使、野村吉三郎は七月二十四日、ホワイトハウスの執務室に招かれた。何事かと恐縮する野村に対し、ルーズベルトは一つ一つ言葉を選びながら、残酷なほどの率直さで警告を与えている。

「これまで石油禁輪をしなかったのは貴国（日本）が蘭印に進出する口実を与えないためだった。だが、米国では東部を中心に石油不足が深刻化しており、なぜ日本に石油を輸出し続けるのか首をかしげる国民が増えている。日本が蘭印へ進出することになれば、英国はオランダを支援して反発するだろうし、日本は米国を敵に回す結果になるだろう」

石油禁輪を実施すれば、日本は油田のある蘭印に進出することが予想されていた。ルーズベルトは「もしそうなれば日本は米国との対決を覚悟しなければならない」と釘を刺したのである（チャールズ・タンシル著『裏口から戦争へ』）。

野村はこの日朝、米国が翌日にも日本の資産凍結に踏み切るだろうと新聞が報じていたため、銀行から慌てて現金十万ドルを引き出す処置をとったばかりだった。ルーズベルトの厳しい警告は新聞報道が正しかったことを裏付けている。

資産凍結は実際には、二十六日に発表され、日本軍が仏領インドシナ南部に進駐した八月一日には、米国は石油の全面禁輪にも踏み切っている。

一九三一年の満州事変で、米国は「スティムソン・ドクトリン」で制裁をにおわせながらも結局、具体的行動に踏み出さなかったのは、戦争誘発を心配したからだった。ルーズベルトはそれから九年半あまりを経て最も厳しい形で制裁を発動した。独ソ戦以降の国際情勢の激変が、米国に戦争をも辞さずという姿勢の変化を促したことは間違いないだろう。

ソ連を訪れた米大統領特使、ハリー・ホプキンズは同じ頃、ソ連外相、モロトフから「日本に対しもっと強い姿勢を」と要請されている。その直前には、ロンドンでも同じ警告を受けていた。英ソ両国とも、手薄なアジア方面で日本を抑えるのは米国しかないと判断していたのである。

米国は一歩ずつ日本との対決コースをたどることになった。陸軍長官のスティムソンは、英国から飛び立つ大型爆撃機B17がドイツの拠点爆撃に成功したことに着目し、フィリピンにも大量に配備することを決定した。

フィリピンには七月に現役復帰した強気の将軍、ダグラス・マッカーサーがいた。マッカーサーとスティムソンは、爆撃機によって制海権を確保し、東シナ海と南シナ海を事実上、封鎖することを考えていた。スティムソンはフィリピンの爆撃機増強を命じた後の十月六日、国務長官のハルに「とにかく三ヵ月、頑張ってくれ」と日米交渉の引き延ばしを要求している（スティムソン、マクジョージ・バンディ共著『平和と戦争への奉職』）。

日本が真珠湾攻撃とシンガポール・マレー攻略を準備しながら最後の日米交渉に臨んだように、米国もまた、フィリピンを大急ぎで〝不沈空母〟にする準備を進めながら交渉を続けていた。

大西洋憲章——参戦示す宣伝にすぎなかった

朝霧に包まれたカナダ・ニューファンドランド島の小さな港、アルゼンチナに大英帝国が誇る最新鋭戦艦「プリンス・オブ・ウェールズ」の巨体がゆっくりと姿を現わした。一九四一年（昭和十六年）八月九日午前九時頃、提督姿の英国首相、チャーチルは艦橋に上がり、湾内にずらりと勢ぞろいする米艦船を見渡した。巡洋艦「オーガスタ」に乗船しているはずの米国大統領、ルーズベルトの姿を確認しておきたかったからだ。

二人は、以前に一度だけ会っている。第一次大戦末期、海軍次官補だったルーズベルトは欧州を視察した際、英高官のチャーチルとロンドンの夕食会で同席し、挨拶を交わしていた。だが、チャーチルには若き海軍次官補の記憶は全くなく、ルーズベルトもその時のことは印象に残っていない。オーガスタ艦上で二十三年ぶりに再会した二人は初対面のようにまず目を合わせ、そして固い握手を交わしている。

この日から始まった大西洋会談で米英は公式な同盟関係を世界に誇示することになる。米国が参戦前に戦争目的を宣言するという前代未聞の会談でもあった。チャーチルは自著『大同盟』で、大西洋会談の意義を次のように書いている。

「（会談で両国が合意した）大西洋憲章の中で特に重要だったのは、中立国であるはずの米国が交戦国である英国とともに〝ナチス・ドイツの最終破壊に向かう〟という条項を盛り込んだことだ。これは明らかに米国の参戦を意味している。しかも米国は最終条項で、戦後もわれわれと一緒に世界の警察官の役割を担うことさえ明確にした」

会談二日目の十日夜、オーガスタ内の大統領特別室で、チャーチルはブランデーを片手に上機嫌だった。ルーズベルトが、チャーチルに水を向けた。

「戦争が終われば、当然ながら自由貿易が確認されるでしょうな。障壁のない、健全な競争にすべてを任せる市場開放が前提でなければならない」

チャーチルは一瞬、黙り込んだあと、「大英帝国はインドやアフリカにおける英国の地位を捨てる気はありません」と、答えている（エリオット・ルーズベルト著『父はこう考えた』＊Ⅳ−18）

世界的な大恐慌で世界各国が市場獲得に四苦八苦していた一九三二年、英国は英領植民地にカナダやオーストラリアなどの自治領を含めた英連邦諸国内だけの閉鎖的な最恵国待遇を定めたオタワ協定を発足させていた。いわゆる外国製品締め出し協定だ。ルーズベルトは参戦の見返りに英国がそうした貿易差別を放棄するように要求したわけだ。

渋るチャーチルに対し、ルーズベルトは「米国なしで大英帝国は果たして生き残れるのだろうか」＊Ⅳ−19とまで言い切り、最後にはチャーチルも「米国の指示に従わない限り平和はやってこないだろう」と、妥協している。

大西洋憲章の第四項目には、こうして「自由貿易」の原則が加えられたのに続いて、第三項目の「民族の自決権」もチャーチルを悩ませている。ルーズベルトは明らかにインドやアフリカ諸国などの植民地独立を認めるよう迫っていたからだ。

結局、この項目についても応じたチャーチルだったが、後に英国議会でその点が追及された際、「（民族自決は）欧州だけに限られている」として、インド独立はありえないと答弁させられている。

このほか、「戦争当事国の領土の変更はない」という理想主義的な項目も含められていたが、四年後に米英ソの戦勝国が密約したヤルタ協定が敗戦国の領土のやりとりに終始したことからわかるように、大西洋憲章は結局のところ、単なる言葉だけの取り決めだったことがわかる。

大西洋会談のルーズベルト（右から二人目）とチャーチル（同三人目）

大西洋会談の目的はあくまで米国の参戦意図を世界に印象づけることにあり、その過程で発表された大西洋憲章はいわば、宣伝ビラにすぎなかった。

ルーズベルト記念図書館に残された大西洋憲章の公式文書にはルーズベルトとともにチャーチルのサインが並んでいる。だが、よく見ると二つともルーズベルトの筆跡で、明らかにチャーチルのサインを代筆したことがわかる。

大西洋憲章に関する限り、公文書はこれしか現存していない。八月十四日にワシントンとロンドンで同時に行なわれた憲章の発表は、あくまで口頭であり、両首脳の正式なサインを必要とはしていなかった。ルーズベルトの筆跡の二つのサインがある文書はラジオ発表に使うためアナウンサー用に便宜的に作成されたものだったのである（セオドア・ウィルソン著『最初の首脳会談』＊Ⅳ-20）。

こうしてルーズベルトは大西洋会談で、英国とともにドイツを敵に回すことを高らかに宣言し、理想に燃えた大西洋憲章を華々しく世界に向けてうたい上げたのだが、もう一つの重要な協議内容については押し黙っていた。ルーズベルトとチャーチルは会談で日本に対し、米英共同で対決するというこれまでになく強い警告を与えることで合意していたのである。

時間稼ぎ――赤子のように日本をあやす

米英首脳による大西洋会談は第二次大戦の曲がり角ともいうべき時期に行なわれている。一ヵ月半前の一九四一年六月二十二日にドイツがソ連を侵攻し、七月下旬には日本が仏領インドシナ南部に進駐していた。そして米国大統領、ルーズベルトは対日石油禁輸に踏み切っており、日米はまさに瀬戸際に立たされていた。

会談に臨んだ英国首相、チャーチルはナチス・ドイツ打倒を米国と協議することを最大の目的としていたが、連鎖的に危機が深まる太平洋側での対応にも早急に打ち合わせをする必要があった。経済制裁を受けた日本がいつ、油田のあるオランダ領東インド（蘭印＝現インドネシア）に侵攻するかわからなかったからだ。

米英とも緊迫する日本問題を重視しており、米国務次官、サムナー・ウェルズは会談の初日、英外務省事務次官、アレキサンダー・カドガンとの事前協議で当時の米国の立場を次のように説明している。

「日本との交渉は継続しているが、実はわれわれの忍耐も限界で、これ以上の警告は意味がないと考えている。むしろ時間稼ぎが目的だ。大西洋（対ドイツ戦）に集中しなくてはならない時に太平洋に手間をとられるわけにいかない。したがって米国の対日交渉の最大の目的はとりあえずの戦争回避である」

これに対し、カドガンも次のように応じている。

「われわれも現段階での日本との衝突は避けたい。首相は、そのためには米国からのより強い警告こそが日本を抑止できるものと確信している」

つまり、ソ連を支援して東西からドイツを締め上げようとしていた米英は、とりあえず日本との対決を回避することで合意していたが、日本の進撃をどう抑止するかでは対立していた。米国が交渉による時間稼ぎを主張したのに対し、英国は強い警告で押さえつけるべきだと反論したのである（J・M・グアイアー著『大戦略』）。

この米英の相違は十二日の首脳会談でも継続し、ルーズベルトは「（日本を）赤子のようにあやす」といった時間稼ぎ論を展開した。

「日本に対し、仏領インドシナとタイの中立化を提案したところ、日本はそれを受け入れる代わりに日中戦争の解決やアジアにおける日本の特別の地位を認めるよう逆提案してきた。もちろんそんな条件を受け入れられるはずはないが、米国は三十日間の時間を稼ぐため、交渉を続けるべきだと思う。その間、同時に経済制裁は維持し、日本の動きにブレーキをかける」

だが、ルーズベルトは結局、「これ以上、南西太平洋で侵攻すれば、米国は戦争覚悟で対応せざるをえないだろう」という日本への警告を発することに応じている。チャーチルが日本には強い対応しかないと強く主張したためだ。

十一日午前、カドガンが中心となって起草した対日警告文は米国の戦争覚悟を強く打ち出し、最後通告のような内容となった。日本がタイや蘭印に進撃すれば、米国、英国、オランダの三国連合軍は武力攻撃することを明確に伝えていたからだ。ルーズベルトは会談最終日の十二日、この警告文を日本側に伝達するため、ワシントンの国務長官、ハルに至急電を打っている。

「早急に日本の野村（吉三郎）大使と会う必要ができた。土曜か日曜（十七日）の朝にワシントンに戻るから、その日の午後にも会えるよう手はずを整えてほしい」（ルーズベルト記念図書館所蔵電文記録＊Ⅳ－21）

この時のルーズベルトの様子がよほど緊迫していたためか、ハルは陸海軍長官に「太平洋はいつ軍事問題に発展するかわからない」と、心の準備をするようわざわざ伝えている（ヘンリー・スティムソン、マクジョージ・バンディ共著『平和と戦争への奉職』）。

しかし、この最後通告のような警告文は、日本側にそのままの形で手渡されることはなかった。警告文を読んだハルが「極東問題の専門家らと入念に検討したが、文面は危険なほど厳しいもので、表現を弱める必要がある。日本が米国からの挑戦と受け止めるかもしれないし、軍部が逆に国民を戦争に駆り立てる恐れがある」と強く反対したためだ。

強い日差しの残る十七日午後四時半過ぎ、ホワイトハウスの執務室に通された日本の全権大使、野村にルーズベルトは結局、次のような文書を手渡した。

「日本軍がこれ以上の軍事行動を起こしたり、軍事的脅威を各国に与えたりするようなら、米国政府は米国民と米国自身の合法的かつ正当な権利と権益を保護するため、直ちに必要と思われる手段を取らざるをえなくなる」

そして参戦の意思については「それが戦争になろうとも対抗手段を取らざるをえないだろう」と口頭で言い渡しただけだった。土壇場のところで最後通告を手渡せなかったことについて、ルーズベルトは「(野村に)伝えた声明は、われわれが一致した内容よりいくらか激烈さを欠いたものになったが、本質的には同じだった」とチャーチルに電報で言い訳している。

幻の首脳会談――日米の中間点で解決を図りたい

チャーチルとの大西洋会談を終えたルーズベルトは一九四一年（昭和十六年）八月十六日、米東部メーン州ロックランドで記者会見に応じた。「ナチスを打倒する」というドイツへの明らかな敵視条項を盛り込んだ大西洋憲章が二日前に公表されたばかりだった。「さまざまな合意に達したようですが、米国は戦争に近づいたと言えるのでは」と質問する記者団に、ルーズベルトは平然と「そんなことはありません」と否定した。

日米開戦後間もなく、チャーチルが英議会で「米国はイギリスとオランダを支援するために参戦することで実は合意していた」と明かしたように、ルーズベルトは大西洋会談ですでに参戦の決意を固めていた。にもかかわらず記者団に否定的な返事をしたのは結局のところ、「三ヵ月間は日本をあやす」という時間稼ぎが念頭にあったためだ（チャールズ・ビアド著『ルーズベルトと迫る戦争』＊Ⅳ‐22）。

大西洋会談終了後、ルーズベルトが日本の野村吉三郎駐米大使に強い警告を与えることでスタートした日米交渉の最終段階は、ルーズベルトの参戦決意と米側の引き延ばし戦術が背景にあったことになる。

ルーズベルトが最後通告ともいえる警告を野村に与えた八月十七日、日本側は日米交渉打開のための首脳会談の開催を提案している。そのとき野村はポケットから用紙を取り出し、「近衛文麿首相は、日米関係の保持を真剣かつ熱心に考えており、地理的に日米の中間地点首脳会談を行ない、平和的精神で諸問題の解決を図りたいと考えています」と、訴えている。十一日後の二十八日夜、ワシントン市内にある国務長官、ハルのアパートを訪ねた野村は「大統領とお会いして大変勇気づけられた」と述べ、その日朝、ホワイトハウスでルーズベルトと交わした会話を次のように説明している。

「大統領は『アラスカのジュノーなら首脳会談に出席できるかもしれない』というようなことを話していた。近衛首相も軍艦で行けば十日ほどで着くだろう。時期は私のほうで九月二十一日から二十五日の間を提案した。外務省、陸軍、海軍、在ワシントン日本大使館から総計二十人が随行することになるだろう。軍人を随行させるのは軍に責任を持って合意事項を遵守させるためだ。日本は三国同盟を単に名目的なものと考えており、ドイツを支援するために米国と戦争するつもりはない」

これに対し、ハルは「首脳会談で日本軍の中国撤兵問題や三国同盟の問題について合意できなかったら、両国関係は修復不可能な状態になってしまうではないか。その結果、日本政府内で主戦論が高まったら、それこそ不幸なことになる」と応じている。

そうしたハルのアドバイスに耳を傾けたのか、六日後の九月三日、ルーズベルトは「首脳会談の前にあらかじめ諸問題について合意しておくことが重要だ。それに、こうした問題は日米だけでなく、（太平洋地域に利害関係のある）英国や中国、オランダとも協議しなければならない」と首脳会談について一気にトーンダウンさせた。

《野村とルーズベルト、ハルの会談内容についてはルーズベルト記念図書館所蔵の公文書を要約した》＊Ⅳ-23
米国と日本との首脳会談開催を決めるのに英国、中国、オランダとの意見調整が必要とするこの発言は、会談開催のための事前協議が延々と続くことを意味していた。日本側にすれば、結論の出そうにない協議をいつまでも続けていたのでは、そのうちに石油禁輸で金縛りになるというジレンマを抱えていた。

八月一日に米国の石油禁輸を受けた日本は、日米交渉が長引けば長引くほど石油備蓄量が減少する状況にあり、問題解決の要《かなめ》とみられた首脳会談については交渉期限を十月十五日に設定していた。ルーズベルトが突然、多国間協議を野村に告げたことから、日本は業を煮やし、御前会議で「十月上旬を目途に戦争準備を完遂する」との帝国国策遂行要領をまとめ、いわゆる戦争への決意を固めたのである。

一方、米国も日本の戦争決意に合わせるように「米国総合生産必要物に関する陸海軍統合局予想書」と呼ばれる戦争への基本戦略を完成させた。九月十一日付のこの書類は、米陸海軍が過去二年間にわたって総力を挙げて作り上げたもので、ルーズベルトはその戦略を横目に日本との交渉を続けていたのだった。

戦略書第三部の「日本戦略政策」には次のように書かれている。

「日本の目標は大東亜共栄圏の樹立にある。究極的には東シベリア、中国東部、仏領インドシナ、タイ、マレー半島、蘭印、フィリピン、そしてビルマを包含することだ。目標の完遂は日本の国力にとって荷が重すぎる。日本は装備と原料に不足しているから、同時に北方と南方とに努力を企図できそうもない」

こう指摘したうえで、それでも日本が米国に向かってくるとすれば、「中部および東部太平洋において襲撃艦艇と潜水艦を使った米海軍への攻撃を図るだろう」と予測していた（ロバート・シャーウッド著『ルーズベルトとホプキンズ』）。

果たしてこれが三ヵ月後の日本の真珠湾攻撃を予想したものなのかどうか。いずれにせよ、日本の戦争決意とほぼ同時に米国もまた戦争への心構えを完了させていた。

勝利の計画――日米開戦を予言した英国情報部員

一九四一年十月二十七日、ルーズベルトは「海軍記念日」のパーティーで突然、南アメリカの大きな地図を取り出した。そして、礼装に身を包んだ賓客たちの怪訝《けげん》な表情にはかまわず、ナチス・ドイツのアメリカ征服計画の証拠をつかんだと述べた。

地図には本来の中南米十四ヵ国の名前は削除され、代わりにドイツが支配する四地区と一植民地が書き込まれていた。大統領はそれを高く掲げ、こう語った。

「ヒトラーは大西洋を越えてまで攻め込む意図はないといったが、ドイツ政府の地図はそれが真っ赤な嘘だったことを証明した。ヒトラーの狙いは南米の資源であり、最後には合衆国も標的にするでしょう」

アルゼンチンのドイツ大使館から盗み出されたというこの地図は、英国情報部が米国に設立した「英国安全保障協力機関（BSC）」を通じてルーズベルトに手渡されていた。後にウィリアム・ドノバンが長官になる「米戦略情報局（OSS＝戦後の米中央情報局）」と協力関係にあったBSCはホワイトハウスとも緊密な関係を保っていたのである。

《ルーズベルトと英情報機関の関係は、BSCのトップだったウィリアム・ドノバン卿の証言を基にノンフィクション作家のウィリアム・スティーブンソンが書いた『イントレピッド（大胆）と呼ばれた男』に詳しい》＊Ⅳ－24

米国が参戦へと一歩ずつ歩みを進めていたこの頃、BSCの活動は強まっていた。ドイツの侵略地図が暴露されたのに続き、次のような新聞記事が米国中を騒がせている。

十二月四日付シカゴ・デーリー・トリビューン紙は一面トップで「ルーズベルトが戦争計画」という見出しとともに「五百万人の米軍がドイツに向けて動員される。しかも動員総数は一千四百万五千六百五十八人にのぼり、二つの海洋と三大陸にわたる全面戦争だ」というセンセーショナルな記事を掲載した。

記事の根拠となった「勝利の計画」と題する戦争計画は本物だった。七月の大統領命令で米陸海軍はドイツとの戦争を想定した具体的な計画作成に着手しており、九月二十五日には、完成した計画書がごく限られた政府高官に配布されていた。その一部が新聞社にも渡ったわけだ。

「ルーズベルトの戦争計画」を報じるシカゴ・デーリー・トリビューン紙

《米陸海軍が二年がかりで完成させた「米国総合生産必要物に関する陸海軍統合局予想書」は「勝利の計画」の一部》

記事が掲載された四日には、陸軍長官、ヘンリー・スティムソンが急拠、ニューヨークからワシントンに戻り、ルーズベルトと善後策を協議している。スティムソンが機密漏洩事件として捜査すべきだと主張したのに対し、ルーズベルトは「新聞社のオーナーを含め、記事掲載に関与した者はすべて逮捕されるべきだ。会見でこの記事について何もコメントする必要などない」と怒りをあらわにしている。

米国は当時、嵐の前の静けさを思わせる状況だった。大西洋では米海軍がドイツ潜水艦を相手に事実上の交戦状態に入っており、四ヵ月前に行なわれた米英首脳の大西洋会談では「ナチス・ドイツを打倒する」とまで発表していた。一方、太平洋では仏領インドシナ（現ベトナムほか）に日本軍が進駐し、米国は日本に対する経済制裁に踏み込むなど一触即発の状態だった。

そうしたなかで、タイミングを計ったようなドイツ打倒計画の暴露は「いよいよ戦争が始まる」という強いシグナルを米国民に送る結果となった。だが、このあまりにできすぎた暴露が実は、ＢＳＣの謀略の一環だったことが戦後、ＢＳＣ責任者のスティーブンソンの証言で明らかになったのである。

スティーブンソンによると、米国の「勝利の計画」を公開するメリットは二つあった。一つは計画の公開によってヒトラーが米国を敵として強く認識し、宣戦布告に踏み切る可能性があったこと。第二は、たとえ宣戦布告しないまでも、ドイツ側は米国の脅威を意識することで、ソ連との戦争に全力を投入できなくなるだろうという見通しだった。

ＢＳＣが入手した計画書は、若き米陸軍大尉を通じて十二月三日に米上院議員のバートン・ウィーラーに手渡されている。かねがね欧州への戦争介入に強く反対していたウィーラーはシカゴ・デーリー・トリビューン紙に駆け込み、計画はＢＳＣの狙い通りに成功したのだった（『イントレピッド（大胆）と呼ばれた男』）。

ウィーラーは戦後、「陸軍航空隊の大尉から、茶色の紙で包まれ、勝利の計画という張り紙がついた分厚い書類を手渡され、一般国民も知る必要があると強く感じてトリビューンの記者に渡した」と証言し、スティーブンソンの話を裏付ける格好になった。米国参戦前のこうした謀略は米国を舞台にした英国情報部員の活動の一端をみせて興味深い。腕利き情報部員は次のような電文もロンドンに送っている。

「（対日）交渉終了。一週間以内に行動（戦争）」

ハル・ノートと呼ばれる提案が日本に手渡された翌日の十一月二十七日、英国情報部員が大統領から「交渉断念」のコメントを聞いて書いた電文は十日後の日米開戦を予測していた。ロンドンでは今も歴史的快挙と評価されている。

第五部　恩讐の真珠湾へ

マッカーサー復帰――フィリピンを前方部隊の拠点に

東京から東シナ海を越えてはるか南へ三千キロ、米軍が誇るB17爆撃機の編隊が巨大な機体をきしませながらフィリピンのクラーク基地滑走路に降り立ったのは一九四一年九月十二日のことだった。「空飛ぶ要塞《ようさい》」の異名を持つ最新型の戦略爆撃機が到着すると、米極東軍司令官のダグラス・マッカーサーは満足そうにゆっくりと頷《うなず》いている。

日本軍の仏領インドシナ進駐をきっかけに米国が日本への石油禁輸に踏み切ってすでに一ヵ月以上がたっていた。米国大統領、フランクリン・デラノ・ルーズベルトと英国首相、ウィンストン・チャーチルは大西洋会談で「ナチス・ドイツ打倒」を誓ったものの、日本に対しては強い警告を与えることで牽制《けんせい》するという方針を確認していた。

だが、太平洋の緊張とともに七月に現役復帰したマッカーサーの登場で、米軍は日本本土への先制爆撃も視野に入れた軍備増強を急ピッチで進めていた。この日、クラーク基地に到着した九機のB17は、その爆撃部隊の第一陣だったのである。

宣戦布告せず、中国機を装って日本を爆撃するというアイデアはもともと、中国国民政府主席の蒋介石らが四〇年十二月に提案したものだ。そのアイデアは米陸海軍が作成した作戦計画「JB三五五」として四一年七月に結実し、ルーズベルトは即座に「OK」と計画遂行を承認している。その経緯は第四部で見てきた通りだ。

しかし、「JB三五五」の実行部隊が米航空義勇隊（フライング・タイガース）という隠《かく》れ蓑《みの》を必要としたのに対し、今回、マッカーサーが提案した先制爆撃は正真正銘の米軍機がそのまま乗り込む本格的な空爆計画だった。陸軍長官のヘンリー・スティムソンは八月の日記でこの意味について「フィリピンは長い間、お荷物のように扱われてきたが、B17とマッカーサーの登場で攻撃拠点へと発想が逆転した」と絶賛している。

スティムソンは十月二十一日、参謀総長のジョージ・マーシャルを伴って、ついに完成した計画案をルーズベルトに正式に提出し、承認を仰いでいる。

「過去二十年の米国の戦略思考は革命的に変化しました。航続距離のあるB17の登場で、フィリピンと（ソ連の）ウラジオストクから日本の軍事施設を爆撃することが可能になったからです。アジア戦略は根本的な見直しを迫られています」

ルーズベルトは中国経由の不確かな爆撃よりもフィリピンとソ連からの米軍機による直接爆撃により信頼を置いたのだろう。この時点で、つい三ヵ月前に承認したばかりの「JB三五五」をとりあえず〝休止〟させ、需要の多い爆撃機をフィリピンに優先配置することに同意する。

《エドウィン・レイトン著『そして私はそこにいた』に、日本に対する先制爆撃計画が書かれている。B17の航続距離は五千四百キロ。一万メートルの高高度を巡航速度四百キロで飛ぶことができ、爆弾を積載しても航続距離は三千八百キロもあった》＊V—1

フィリピンを前方展開部隊の拠点とし、爆撃機で日本を抑止しようという発想転換によって、日独との同時開戦を想定した「レインボー5計画」は大きく軌道修正された。本来、太平洋側ではハワイが防衛ラインの最前線とされ、フィリピンは開戦と同時に放棄される手はずだった。だが、米国はこれ以降、フィリピンの要塞化に奔走し、日米交渉は時間稼ぎの場となった。

スティムソンは十月六日、日米交渉を担当する国務長官、コーデル・ハルに「こちらの準備ができるのに三ヵ月必要だ」と念を押しており、実際、ハルはフィリピンへの爆撃機配置の進行状況をにらみながら交渉引き延ばしに腐心している。

ダグラス・マッカーサー

一方、大西洋に集中していた戦争準備は以降、太平洋へと急転回し、太平洋最大の拠点だったハワイの真珠湾基地に配備されるはずのB17さえフィリピンへ転送されている。

マーシャルは十一月十五日、ごく親しい数人の記者を集め「オフレコ」を条件にそうした米軍の戦略的転換を漏らしている。

「今や日本と開戦寸前だ。このため米軍は夜間を利用して極秘裏にフィリピンを増強している。日本側はわれわれが防衛準備に入っていると思っているようだが、実は日本への攻撃を狙っている。すでに三十五機の空飛ぶ要塞（B17）があり、これだけですでに世界最大規模だ。もし戦争になれば日本を徹底的に破壊する」（ジェフリー・ペレット著『老兵は死なず』＊V―2）

また、十一月二十一日付の陸軍参謀本部作成の極秘報告書によれば、マーシャルは日本との開戦を十二月一日に設定して日本への先制攻撃準備の進行状況を問いただし、それに対し、参謀は台湾の日本海軍基地爆撃とともに、日本本土の工業地帯など約六百ヵ所の目標を印した地図をフィリピンのマッカーサーに送り届けたことを確認している（米国立公文書館所蔵報告書＊V―3）。

マッカーサーが「紙と木で出来た日本を焼き払う」と豪語した日本爆撃計画は結局、日本の真珠湾攻撃によって戦略上の大失敗に終わる。だが、米国の執念ともいえるこの爆撃構想は、軍事史上希有な奇襲となった真珠湾攻撃を成功させる重要な伏線でもあった。

二つの提案――「会話を続けて時間を稼げ」

マッカーサーが米極東軍司令官に就任することで急浮上した日本に対する戦略爆撃構想には実は、根本的な欠陥があった。いかに航続距離の長いB17（爆弾搭載で三千八百キロ）とはいえ、フィリピンから東京を空襲して帰って来ることはできず、せいぜい台湾か沖縄が限度だ。東京と大阪に「雨あられのように焼夷弾《しょういだん》を落とし続ける」（スティムソン陸軍長官）にはどうしてもソ連首相、ヨシフ・スターリンを説得し、ソ連のウラジオストクの基地使用を確実にする必要があった。

しかし、米国の軍事支援を受けているとはいえ、当時、ドイツと真っ正面からぶつかっていたソ連が日本を刺激する恐れのある基地使用を許可することは考えられなかった。一九四一年十月中旬に始まった協議は膠着状態に陥り、同時にもう一つの大きな疑問も浮かび上がってきた。

日本の真珠湾攻撃があった十二月七日（米東部時間）の時点で、日本に対する戦略爆撃に使えるB17はわずか三十五機、翌日には七十機にまで増強される予定だったにしても、その程度で日本の戦意を挫くほどの爆撃効果が期待できたのか。スティムソンの計画では四二年春までに百二十機以上、その年の暮れにはその倍の爆撃隊が勢ぞろいするはずだったが、参謀総長のマーシャルは戦後、その点について次のように証言している。

「効果ある爆撃については今なら数千機単位で考えるが、当時は百機といえば大変な数だった。製造能力が低かったし、とにかくわれわれは戦略爆撃という構想そのものに魅せられていた。数十機で日本を負かすことができると本気で考えていた」（米上下院合同の真珠湾問題公聴会記録＊V−4）

米兵の血を流さずに高高度から大量の爆弾を落として参らせるという戦略爆撃はこうして「ならず者国家」の烙印を押された日本相手に誕生し、冷戦を経て、九一年のバグダッド爆撃（湾岸戦争）や九九年のユーゴスラビア爆撃につながっていく。ただし、日米開戦前の時点では、爆撃構想は実効性よりも米国指導部の対日交渉姿勢に影響を与えたことに大きな意味があった。

ルーズベルトの側近の一人で財務長官のヘンリー・モーゲンソーはその意味を端的に書いている。

「日本は経済制裁に参り、ロシアの潜在的な危険を感じながら、中国を征服する決意

ヘンリー・モーゲンソー（右）とフランクリン・ルーズベルト＝一九三一年八月十九日

を固めている。しかも米国とは関係改善を欲している。こんな矛盾した目的を持つ国の危険性を意識して、陸軍省はフィリピンの軍備増強を急いでいる。そして国務省は交渉の引き延ばしを図っている。コーデル（ハル国務長官）によれば、二国の目的があまりに違うので堂々巡りを繰り返すばかりだ。その間に日本は極秘の軍事行動に余念がない」

四一年十一月に入ると、日米交渉がいずれ決裂するのは、誰の目にも明らかだった。日本は七日に「甲案」を出し、米国に相手にされないとわかると二十日に最後の妥協案として「乙案」を出すことになっていた。仏領インドシナ以外に進出しない見返りに石油禁輸の解除などを求めた乙案はこの時点での日本側のぎりぎりの妥協だった。

一方、米国は日本の外交電文を解読し、それが日本の最終提案であることを事前に知っていた。日本軍が戦争準備に入っていることもわかっている。乙案が提案され、再び堂々巡りになれば開戦の危険は一気に高まる。

そうした一触即発の段階に入った十七日、ルーズベルトはハルに向けて鉛筆書きのメモを送った。そこには当面の緊張をほぐす二つの提案が書かれていた。

「日本がインドシナだけでなく満州とソ連の国境や南アジアにこれ以上、軍を派遣しないことを条件に石油禁輪の一部を解除する。もし、米国がドイツに開戦することがあっても、日本は三国同盟を理由に参戦しない。代わりに米国は日本を中国に〝紹介〟する労をとる」

九十日間の〝休戦状態〟をつくることを骨子とした米国案はこのメモを叩き台にしてまとめられ、後に「暫定協定案」と呼ばれるようになる。

米国が解読した電文によれば、日本が設定した交渉期限は十一月二十五日で、その後、二十九日に延期された。要するに、二十九日以降ならいつでも開戦の危険があったのだが、スティムソンによれば、フィリピンの軍備が整うのはぎりぎり十二月中旬、できれば翌年一月か二月まで欲しい。日本を何とか説得して交渉を継続させなければならなかった。

《日本の連合艦隊機動部隊が真珠湾攻撃に向けて択捉島《えとろふ》単冠湾《ひとかっぷ》を出港したのは、十一月二十六日。二十九日は引き返すぎりぎりの期限とされた》

そうした切羽詰まった状況下で、日本を再交渉に就かせるはずの暫定協定案の作成が急がれ、分厚い協定案がハルの机に置かれたのは真珠湾攻撃のほぼ二週間前、十一月二十四日の月曜朝だった。

ハルはその案を手に「何とか（日本との）会話を継続させ、決裂を避ける。少なくとも陸海軍の必要とする数週間はこれで稼げるだろう」と、考えた。

暫定案放棄——大統領は朝食をあきらめ、決断した

戦略爆撃機の準備を完了させるため九十日間の時間稼ぎを狙った暫定案が出来上がった翌日の十一月二十五日朝、米国務長官、ハルは自室に陸海軍長官を招いている。午後に予定されるホワイトハウスでの最終会議を前に重要閣僚二人に了解を得ておきたかったからだ。

戦争準備の責任者で日米交渉の行方により関心の強かった陸軍長官、スティムソンは日記にその時の印象を書いている。

「われわれの要求が一応満たされた内容で満足だった。だが、アジアでの日本の活動をすべてあきらめさせる代わりに石油禁輪の一部を解除するぐらいで日本は納得するだろうか。日本が（暫定案を）受諾するとは考えられない」

実際、スティムソンが心配するように米側首脳はこの暫定案が日本を交渉につなぎとめるだけ魅力があるのかどうか自信がなかった。この日正午からオーバルオフィス（大統領執務室）で開かれた会議は、その自信のなさを反映して、拒否された場合の対応策に終始した。ルーズベルト大統領は次のように会議の口火を切っている。

「（暫定案がだめな場合）日本は来週月曜日（十二月一日）にでも攻撃を仕掛けてくるだろう。日本人は無警告で攻撃することでは悪名高いからだ。問題は、（攻撃されるとわかっていて）どうすべきかだ。つまり、向こうに最初の一発を撃たせるにしてもこちらの危険があまり大きくならないようにするにはどうすべきか。実に難しい問題だ」（同日付スティムソン日記＊V−5）

後に「太平洋の裏口から欧州戦争に参戦するため日本を挑発した」と非難される原因となったルーズベルトの「最初の一撃」発言はこうしてなされたわけだが、スティムソンは四六年四月九日、真珠湾問題の上下院議会公聴会で大統領の発言の趣旨を次のように説明している。

「あのとき日本の攻撃がわかりながら何もできないというジレンマがあった。日本が侵略国であることを明確にするためには、日本が最初の一発を撃てば一番よいわけだが、そうでないにしても日本の侵略によって米国の参戦が余儀なくされたことを明確にする必要が出てきた。われわれは日本軍がタイ国境を越えた場合、それへの対応をとると八月に警告しており、そうした事実を含めて日本の侵略行為を米国民と世界に明示できる声明を用意しておくべきだと話し合ったわけだ」

要するに、この時点で米最高指導部は暫定案の提示で一致してはいたが、交渉打開にはむしろ悲観的だった。しかも、会議の二日前、東京からワシントンの日本大使館に送られた電文は「交渉期限（二十九日）はもう変えられない。それ以降は自動的に事は起きる」とあり、それを解読していた米国は交渉決裂と同時に日米開戦と読んでいたのである。

スティムソンによれば、そのとき日本が米国を直接攻撃しなかった場合、それでも米国が宣戦する明確な意義づけが必要だったというわけだ。

《二十五日の会議は大統領ほか陸海軍長官、国務長官、さらに陸軍参謀総長、海軍作戦部長だけで構成される「戦争評議会」で、一時間半に及んだ》

米国がこれほど交渉に悲観的で、戦争への心構えを強めていたのに対し、中国国民政府は暫定案そのものに猛反対だった。国民政府主席、蔣介石はこの日、「日本との妥協は何であっても中国のモラルを完全に破壊する」として、国務長官や陸海軍長官に暫定案に対する抗議の電文を大量に送りつけている。日米妥協の兆しだけで自らの権力基盤が崩壊すると恐れていたのだ。

だが、ハルは中国の抗議に「利己的でヒステリック」と批判的で、「日本との対決回避とそのために暫定案が必要という事実関係を全く理解できていない」と、中国駐米大使、胡適《こてき》を国務省に呼んで厳しく警告している。それまで中国に同情的だったルーズベルトも抗議を受け入れる気配は全くなかった。

ところが翌朝、事態は一転する。財務長官、モーゲンソーは二十六日午前九時四十五分、大統領執務室にルーズベルトを訪ね、次のような場面に遭遇している。

「大統領はちょうど朝食をとろうとしていた。まだコーヒーにさえ手をつけていない。ところが、ハルが電話してきたため、大統領は口に入れた薫製ニシンをもぐもぐやりながら電話に夢中になり、長い会話がやっと終わった時には結局、朝食をあきらめた様子だった」

地図を前にジョージ・マーシャル（左）と協議するヘンリー・スティムソン

そしてルーズベルトはハルとの電話で胡適と国民政府主席ワシントン代表の宋子文とに会うことを約束している。「とにかく私が彼らをおとなしくさせよう」とルーズベルトが電話口で話すのをはっきりと聞いている（ジョン・ブリューム著『緊急の時代』＊V−6）。

ハルは実は、この日朝になって突然、暫定案の放棄を決め、代わりに暫定案に付帯し、基礎案と呼ばれた十項目提案だけを手渡すことにしていた。後に「ハル・ノート」と呼ばれる十項目案は日本に妥協を許さず、最後通告に等しい内容だった。

モーゲンソーが目撃した電話の会話はその「ハル・ノート」手渡しを最終決定した場面であり、ルーズベルトがそれまで徹底して避けていた中国代表との面談に応じた瞬間だった。

ハルの矛盾——誰が暫定案放棄を決めたのか

米国の暫定協定案がなぜ、一夜にして放棄されることになったのか。大統領のルーズベルトの指示で作成されたとはいえ、国務長官のハルは出来上がった暫定案にかなり満足していた。少なくともこれでとりあえず日米対決は回避されると考えたはずだ。にもかかわらず放棄した理由について、ハル自身は次のように説明している。

「一九四一年（昭和十六年）十一月二十五日深夜、このまま暫定案を日本に手渡すべきかどうかを検討していた。私はこの暫定案を（日本が）受け入れるチャンスは大きくないと思っていたが、少なくとも（和平努力をしたという）記録を残す意味でも手渡すべきだと考えていた。だが、その夜、チャーチル（英国首相）から大統領に電報が入り、チャーチルは（中国国民政府の）蔣介石の影響もあって、暫定案について悲観的で、中国政府が崩壊する危険を指摘した。それでもう一度、国務省の専門家と相談し、あきらめることを決めた」

ハルはこの後、すべての侵略地からの日本軍の撤退という米国の原則的な立場をまとめた十項目の基礎案（ハル・ノート）だけを日本に渡すことを決め、翌二十六日早朝、ルーズベルトを訪ねて放棄の経緯を述べ了解を得たと説明している。

だが、ハルの説明は少なくとも二つの矛盾を抱えている。

まず、二十六日朝、ルーズベルトに直接、暫定案放棄の許可を得たとあるが、ルーズベルト記念図書館に残されたホワイトハウス案内係記録によると、二十六日午前零時十五分に就寝したルーズベルトは同午前九時四十五分に財務長官、モーゲンソーと会うまで誰とも対面しておらず、ハルとはその日午前中、会っていない。

もう一つは、最重要課題である暫定案放棄を国務長官が一人で大統領に相談もなく決め、あっさりと了解を得られるものかという疑問だ。そもそも暫定案は十七日に大統領自身がハルに命じて作らせたものであり、戦争準備への時間稼ぎが目的とはいえ、ルーズベルトは直前までその強力な推進派だった。

公文書を駆使した歴史記録『宣戦布告なき戦争』（一九五三年）もこの矛盾に気づいている。

「ハルが大統領に暫定案の放棄を）伝えたとする時間とその方法ははなはだ不自然で、戦後の公聴会でハルは（大統領との）面会について〝よく覚えていない〟と答えたのはさらに奇妙だ。これほどの決定に大統領の関与は不可欠なのだが、現段階では新たな証拠がない限り推測の域を出ない」

米国務省で記者に囲まれる日本の野村吉三郎駐米大使（左）と来栖三郎特派大使（前列右）＝一九四一年十一月二十六日ごろ

《『宣戦布告なき戦争』は米政府公文書を読むことを許されたウィリアム・ランガーとエベレット・グリーソンの共著で、米外交評議会が出版した。日米開戦に至る経緯についての研究として米国ではいまだに権威がある》

米太平洋艦隊の情報将校だったエドウィン・レイトン少将と、同じく情報担当の海軍大佐で戦後、歴史家となったロジャー・ピーノウらはその矛盾を明かす新たな文書をそれから三十数年を経て発見している。

当時の国務省職員、ランドレス・ハリソンは暫定案放棄の直前に次のような出来事があったことをメモに残していたからだ。

「長官はその日、突然、大統領に呼ばれてホワイトハウスの緊急会議に出かけた。その後、えらい剣幕で帰ってきたが、〝あそこの連中は何もわかっていない。プライドが高く、力もある民族に、最後通牒を与えてはいけない。日本が攻撃してくるのは当然じゃないか〟などと、繰り返しつぶやいた」

ハルはこのほか、対日強硬論者として知られる国務省顧問、スタンレー・ホーンベックから、「上からの指示による決定であっても、いずれそれでよかったと考えるようになる」と慰められた際、記録のためにこんなメモを残した。

「この緊急の時に、どうせ日本は（暫定案を受け入れないだろうなどというのは正しくないし、望ましくもない。（日本を宥和するため）私が中国を売ったと非難するのもそもおかしい話だし、そんな悪宣伝が罷り通るようでは、剣突き合わせて対立している国が妥協するなんて不可能だ」

これらの新たな文書が明らかにしたのは、ハルがルーズベルトの命令でやむなく暫定案を放棄したということだった。それも二十六日未明というぎりぎりの段階だ。ハルは明らかに暫定案放棄が戦争への引き金になることを知っており、その経緯を隠すため、さも自分だけで決定したかのように回顧録に記述していたのである。

《これら新資料についてはレイトン、ピーノウのほか歴史作家、ジョン・コステロの三人が共同で書いた『私はそこにいた』に詳しい》＊V―7

それでは、嫌がるハルに対しルーズベルトはなぜ、暫定案放棄を迫ったのだろうか。ハルは戦後の議会公聴会への説明や回顧録で、放棄した理由について「日本が受け入れる可能性が低く、むしろそれによって中国のモラル破壊が心配され、チャーチルもその点を指摘した」と証言しているが、ルーズベルトもそうした理由から暫定案をあきらめたのだろう

レイトンらが展開する推理小説もどきの謎解きは、そうした疑問点を一つずつ検討

しながら全く新たな仮説へとたどり着いている。

謎解き――米英、もう一つのやりとり

日本の真珠湾攻撃当時、太平洋艦隊情報将校だったレイトンらは「日米開戦への過程を知るうえで歴史的な意味がある」として、ルーズベルト大統領が十一月二十六日になって突然、暫定協定案を放棄した動機の解明に執念を燃やした。この放棄によって、最後通牒の役割を果たした「ハル・ノート」が自動的に日本に手渡され、その十一日後に日米が開戦したからだ。

解明の最初のカギを提供したのは陸軍長官、スティムソンの日記だった。日記は暫定案放棄の前後の十一月二十五日、二十六日、二十七日に起きた出来事を時間を追って詳述しており、間接的ながらもその間の事情を説明している。

問題の二十六日は次のような書き出しで始まっている。

「ハルは今朝の電話で、私とノックス（海軍長官）に見せた提案（暫定案）を日本に渡すのをやめようと思っていると語った。すべてをご破算にして日本には何も提案しないつもりだそうだ」

その数分後、スティムソンは今度はルーズベルトに電話をしている。その際、二十五日に送った報告書を読んだのか大統領に尋ね、ルーズベルトはそれに対し跳び上がらんばかりに驚いて、「日本が信用できない証拠だ」と怒ったと書いている。

スティムソンによれば、問題の報告書には「三十、四十、あるいは五十隻もの日本の兵員輸送船団が台湾沖を南へ航行中」とあり、日本がひそかに仏領インドシナ（現ベトナムなど）方面に兵員を輸送中ということを強く示唆していた。ルーズベルトは日米交渉の最中に兵員を増強する日本の〝二枚舌外交〟を許せないと判断し、「これが（交渉の）すべてをひっくり返した」（スティムソン）というのである。

レイトンらは「そんな重要な情報を二十五日に受け取りながら、ルーズベルトは本当に気づかなかったのか」と疑問を投げかけた。ハルは日本軍の動きについて回顧録を含め一切触れておらず、スティムソンも重要な情報なのに大統領に直接、電話通告していなかったからだ。

レイトンらはそこでスティムソンのファイルを徹底的に洗い直し、パー・ワトソン（大統領側近）から陸軍長官（スティムソン）あての次のようなメモ（二十七日付）を見つけ出している。

「長官殿。例のメモ（日本軍の南下情報）ですが、実は特別なお方の胸ポケットに入っているのを見つけました」

つまり、ルーズベルトは二十五日に問題のメモに目を通していたことになる。だが、ルーズベルトは情報に大きな意味を見いだしていなかった。実際、レイトンらが見つけた別の文書によると、スティムソンが二十五日に大統領や国務長官らに送った情報は「十隻から三十隻の日本軍船団が中国揚子江の上海港南に停泊している」といったもので、「大統領が跳び上がって驚く」ほどの情報ではなかったのである。

レイトンらは二十五日深夜にチャーチルがルーズベルトに送った電文に注目した。「暫定案によって蒋介石の中国国民政府が崩壊するのではないか」と心配した例の電文だが、その程度の内容が二十六日午前三時（ロンドン時間）にロンドンの米国大使館に至急電として持ち込まれるのは不自然として次のような推論を立てた。

「状況証拠を検討すれば、その夜、ロンドンとワシントン間でもう一つのやりとりがあったのは間違いないだろう。英国政府はそれに関する情報公開をかたくなに拒否しているのもそれを裏付ける。（中略）結局、日本の軍事行動という〝裏切り行為〟を示すもう一つの重要な情報が別の電文に書かれていたのではないか」

　結論からいうと、レイトンらは十一月二十五日に日本海軍連合艦隊司令長官、山本五十六が択捉《えとろふ》島単冠《ひとかっぷ》湾に集結した機動部隊に出撃命令を出したのを英国かオランダが無線傍受し、解読していたのではないかという仮説を立てた。もちろん攻撃目標が真珠湾とまではわからないが、攻撃部隊が出撃したことを示唆する無線傍受によってルーズベルトは跳び上がるほど驚き、暫定案を放棄したというのである。

エドウィン・レイトン

　山本長官の出撃命令なるものが実際、存在したのかどうかに疑問は残る。だが、少なくともそれに匹敵するインパクトの強い情報がルーズベルトに送られたとレイトンらは考えたのだった。

　ハル・ノートが日本側に手渡された翌日、日本の駐米大使、野村吉三郎と特派大使、来栖三郎はホワイトハウスのルーズベルトを訪ねている。野村が「暫定協定に合意できなくて実に残念だ」と述べると、ルーズベルトは「落胆したのは、日米協議の基本的原則である平和と秩序に反するような対応を日本が取り続けたことだった」と応じている（『ハル回顧録』）。この「平和に反する対応」が果たして機動部隊の出撃命令に匹敵するような軍事行動を意味していたのかどうか。

いずれにせよ米軍はいよいよ開戦と信じ、二十六日午後から太平洋方面で警戒態勢を強め、米陸軍参謀総長と海軍作戦部長は連名で「日本軍はタイ、マレー、オランダ領東インドを攻撃するだろう」という見通しを大統領に提出した。

ついに戦争——極限に近づく太平洋のうねり

「ハル・ノート」が日本に手渡された翌日の十一月二十七日、ニューヨーク・タイムズ紙は一面で「米、日本に条件提示、基本原則を厳守」という大見出しのトップ記事を掲載した。日本軍が仏領インドシナ（現ベトナムなど）に進出した七月以来、日米が非公式ながら最終努力ともいうべき交渉を続けてきたのは周知の事実だったが、その交渉がクライマックスに達したことを、米国民はこの大見出しで知ったのである。

記事は「日本の対応次第。応じなければ、重大な結果を招く」という表現を使って、日米関係は戦争突入という最終段階にあることを強くにおわせていた。さらに関連記事は、国務省関係者の情報ということを示唆しながら「提案によって二国の合意チャンスは失われた」とまで報じている。

米国では、明らかに戦争への危機感が強まっていた。前日、同じニューヨーク・タイムズ紙は「東京の米国大使館はすべてのアメリカ人の日本退去を警告」と報じており、この日の報道によって「いよいよ」という印象を強めたのだった。

そうした緊迫感は、戦争を現実の問題としてとらえている最前線の米軍指導部に強かった。

ハル・ノートが日本に手渡される直前の二十六日午前十時半、陸軍参謀総長、マーシャルは陸軍航空隊のヘンリー・アーノルド将軍ら幹部五人を招集している。ルーズベルトと国務長官、ハルがこの日、「交渉が停止した時点で、日本軍がフィリピンを攻撃する可能性が強まる」との見解を伝えており、その対応を緊急に話し合う必要があったからだ。

フィリピンには日本本土爆撃を想定して大型爆撃機B17を送り込んでいることから、マーシャルは「日本もフィリピン攻撃という危険はまさか冒さないだろう」との楽観的な見通しを披露したが、同時にフィリピンの軍備強化が完了するまでは挑発的な行動をできるだけ控えるよう米極東軍司令官、マッカーサーに伝え、次のような戦争準備警告を太平洋方面の陸海軍司令官に発することを決定している。

ジョージ・マーシャル（左）とヘンリー・アーノルド

「戦争状態に入る前であっても、日本軍の輸送船団が近づくなどの状況下にあってはそれを攻撃し、撃沈する。（将来の攻撃目標である）台湾の日本軍基地に対する偵察飛行を早急に実施する。その際、空中戦を辞さない。海軍は太平洋艦隊の二隻の空母を使って早急にウェーキ、ミッドウェー両島の戦闘機配備を完了し、フィリピンのB17爆撃機編隊を支援する」

この決定は一時間後の海軍との統合会議で正式採用されるが、このフィリピン重視の方針は太平洋方面の防衛の要《かなめ》だったハワイの真珠湾基地を軽視する結果を招くことにもなった。実際、マーシャルと海軍作戦部長、ハロルド・スタークは会議で「真珠湾基地に配備された航空隊を半減し、一時的にだが、戦闘機なしの状態が生じてもやむをえない」とまで述べている。

真珠湾攻撃の成功には、米側の過剰なほどのフィリピン重視が伏線としてあった。

フィリピンから戦略爆撃機を使って日本を攻撃するという構想は、戦争準備が最終段階に入ったこの時点でもまだ米国を魅了し続けていたのである。

マーシャルらが太平洋方面での戦争準備とフィリピン重視を再確認した二十六日、日本との対決を確信していたルーズベルトもまた、古い友人で当時、フィリピン高等弁務官だったフランシス・セイアに個人的な警告を発している。セイアからそのことを聞かされたアジア艦隊司令長官、トーマス・ハートは日記にこう記した。

「ついに戦争だ。何といってもこのことが〝馬の口（大統領）〟から出たのだから間違いない」

《二十六日から翌日にかけての動きについてはフォレスト・ポーグ著『ジョージ・マーシャル――試練と希望』やエドウィン・レイトンら共著『そして私はそこにいた』に詳しい》

日米交渉が決裂し、米陸海軍が戦争準備に奔走し始めたのとほぼ同時に、ルーズベルトは米議会演説を通して「戦争が間近に迫っていること」を米国民に知らせる必要性を痛感し、その草案づくりを国務長官に命じている。陸海軍の意見を調整して作成を急いだ草案は十二月五日まで完成しなかった。月曜日の八日に議会で発表されるはずだったのだろうが、日曜日に真珠湾攻撃があったため、結局、「汚辱の日」で知られる宣戦布告スピーチになった。

一方、ハルは二十八日正午、東京の駐日大使、ジョセフ・グルーに「大使館と領事館閉鎖に伴う職員の引き揚げ準備を早急に検討してほしい。もちろんこのことは極秘で行なわれなければならない」という暗号電文を打った。その日、日本の駐米大使、野村吉三郎らと交渉について話し合っていたハルはその一方で、外交官引き揚げという戦争前の最終準備に入っていたわけだ。

翌日のニューヨーク・タイムズ紙は「日本の五銀行が間もなく閉鎖するだろう」と報じ、そのわきに「日本は提案（ハル・ノート）を最後通告と受け取っている」という内容の東京特派員電を掲載している。開戦まで八日。米政府も国民も間近に迫った戦争を敏感に感じ取り、太平洋のうねりはもう手の施しようがないほど高まっていた。

開戦前夜——古い友人が大使館を訪れた

ワシントンの閑静なマサチューセッツ通りにある日本大使館に初老の紳士が現われ

たのは、十二月六日午前十一時頃だった。男は「国務省を退官した元外交官」と自己紹介し、特派大使として日米交渉に立ち会っている来栖三郎との面会を求めた。

その男、フェルディナンド・メイヤーは来栖とはペルー大使館勤務時代の知り合いで、顔を合わせるのは十一年ぶりのことだった。

日米交渉は前月二十六日のハル・ノート受け渡し以来、交渉の段階を脱して、開戦がいつあってもおかしくない状況にあった。メイヤーはそうした緊迫した状況下で日本大使館の動きを探るよう米戦略情報局（OSS）から依頼されたのである。

《OSSはCIA（米中央情報局）の前身で、当時は戦時情報収集を主な仕事にしていた》

土曜日だったこともあって、日本大使館は職員の姿もまばらで、驚くほど落ち着いていた。会議室に通されたメイヤーはその様子を観察し、にこにこ顔で現われた来栖とすぐに打ち解けている。
古い友人の突然の訪問に疑惑の目を向ける様子もなく、他の職員の目を気にしながらも、来栖は打ち明ける相手を探していたかのように語り始めた。

「フレッド、実に大変なことになってしまった。まず結膜炎で赴任が二ヵ月も遅れた。これで軍部を押さえ込みながら交渉を進めるには時間切れのような状況になってしまった。もし八月に赴任していればなあ。国務長官は私が具体的な結果を欲しがることにいつも不信の目を向けていたが、そういう事情があったんだよ。長官に会うようなことがあればそのことを伝えてほしいのだが」

「交渉難航の原因は、一方に頑固な国務省と中国寄りという米国の雰囲気があり、日本には硬直した軍部があった。とにかくどうやって中国から撤退するかが問題だったのだが、中国でのショーはもうすでに終わっており、軍部でさえそのことは承知だった。何とか面目さえ保てば退場できたと思う。米大統領が仲介を申し出てくれれば、それが最高の解決策だったろうに」

来栖は日米交渉が最終段階に入った十一月十五日に、駐米大使の野村吉三郎を補佐するためにワシントンに赴任している。四〇年九月の日独伊三国同盟を締結した際の駐ドイツ大使だった来栖に対する米国での評価は低く、国務省は着任当初から不信感を強く抱いていた。しかし、アメリカ人女性を妻に迎えている来栖は親米派で知られ、三国同盟についても批判的だった。

来栖はその夜、メイヤーの招待を受けて元ポーランド大使のフェルディナンド・ベリン邸を訪ね、三人で夕食を共にしている。着任以来激務が続いていた来栖にとって初めての大使館外での食事だった。来栖はこの場でも、初対面のベリンがあっけにとられるほど率直に日本の内部事情を語った。その真意は一体どこにあったのか。

ともあれメイヤーは翌日の夕刻、真珠湾攻撃が報じられて大騒ぎの日本大使館に電話している。再びOSSの依頼を受けたからだ。電話口の来栖は明らかに強いショックを受けた様子で、メイヤーは「来栖が前日、語り明かしたのはこの日の攻撃を知っていたためというのは間違いだろう。彼は攻撃について知らされていなかった」と断言している。

《来栖に関するメイヤーの報告書は戦後、米議会真珠湾問題公聴会に提出され、ルーズベルト記念図書館がそのコピーを所蔵している》＊Ｖ–8

メイヤーが来栖を日本大使館に訪ねた頃、東京の外務省からワシントンの日本大使館に長い電文が延々と送られてきた。電文は十三部に分けられ、最後の部分は別途届くことになっていたが、大使館電信室の係員はその暗号解読に必死になっていた。一方、米側でも傍受した電文の解読を進めており、結局、電信内容が米陸海軍両省に届けられたのは六日午後八時半、ホワイトハウスに清書された翻訳文が届いたのは午後九時半だった。

海軍から届けられた翻訳文を受け取り、ルーズベルトは側近のハリー・ホプキンズとともに十三部すべてに目を通した。ホプキンズが読み終わるのを待ってルーズベルトは「これは戦争ということだな」と同意を求め、ホプキンズも頷《うなず》いている。

ワシントンの（左から）野村吉三郎駐米大使、コーデル・ハル米国務長官、来栖三郎特派大使

《日本の宣戦布告になるはずだった十四部目の電文は七日未明、ワシントンに届いている。米国はこれも午前五時頃までに解読し、ルーズベルトが目を通したのは午前十時頃だった》

米陸軍参謀総長、ジョージ・マーシャルは真珠湾攻撃のあった十二月七日（米東部時間）朝、乗馬に出かけていた。解読された電文を読んでいなかったのである。日本の攻撃が迫っていることをマーシャルが知るのは陸軍省に出勤し、午前十一時二十五分に電文に目を通した時だった。

驚いたマーシャルはすぐに前線に緊急を知らせるよう指示するが、なぜかハワイだけが大気の影響で連絡が取れない。結局、午後零時十七分に商業用電信を通じて送信され、午後一時三分（ハワイ時間午前七時三十三分）、つまり日本機の攻撃が始まる約二十分前に何とか警告が届くが、司令官の手に到達したのは何と七時間後だった。

開戦前夜の送別会――「寺崎ファイル」の空白部分が日本の汚名をそそぐ？

日本の特派大使、来栖三郎が古い友人から開戦前夜の動向を探られたように、ワシントンの日本大使館は一九四一年春頃から米連邦捜査局（ＦＢＩ）の厳しい監視下に置かれた。とりわけ大使館で広報全般を扱っていた一等書記官、寺崎英成にその目は向けられた。同年三月二十七日付のＦＢＩファイルは次のように記している。

「米海軍情報部（ONI）要請。テラサキは米国およびラテンアメリカ（南米）における日本スパイのトップエージェントである。極秘ではあるが、特に信頼できる筋によってそれが確認された。FBIは速やかに態勢をとられるべし」

寺崎がなぜ、スパイ網のトップなのかという疑問にこの報告書は答えていないが、一九八二年に公開された二百四十ページ（三分冊）に及ぶFBIの「寺崎ファイル」によると、FBIが盗聴と尾行を開始したのは寺崎が二等書記官の肩書きでワシントンに赴任した四一年三月二十九日からだった。そしてそのファイルは図らずも真珠湾攻撃までの寺崎の動向をほぼ完璧に追っている。

例えば米国務省が暫定案を日本側に手渡す予定の日だった十一月二十六日の寺崎夫人、グエンとその友人で国務省外交官夫人、ジェーン・スマイスの興味深い電話の会話を盗聴している。

ジェーン「（前略）私の国務省の情報源によれば、日米交渉はうまくいっている。少なくとも限定的な合意には達したようだ」

グエン「それはまだ聞いていない。でも、中国は（合意に）大反対のようだし、そ

んな合意があっても、それは問題を先送りしただけなのではないか」（同日午前九時六分）

そしてそのほぼ二時間後には、グエンは知人に「どうもまずいことになったようで、テリー（寺崎）はひどく疲れている」と、暫定案が結局、破棄されたことを話し、翌二十七日午前十時過ぎには「テリーはがっくりしており、もう望みはなくなった」と、ハル・ノートの手渡しで寺崎が落胆した様子を伝えている。

このほか真珠湾攻撃五日前の十二月二日には、グエンとジェーンの次のような会話も記録されている。

「テリーは枢軸（日独伊三国同盟）には大反対で、私にヒトラーのことを話すなといつも話していた。私は何だか沈み行く船の船長を侮辱しているような気がして、そんなことを言うテリーには腹が立って仕方がなかった」

ドイツとの同盟が対米関係改善への障害になっていると寺崎が認識していたことを示す記録だが、寺崎だけでなく全権大使の野村吉三郎も特派大使の来栖三郎も同様の考えを持っていたことをうかがわせる会話があちこちに散見できる。

《寺崎は三一年、テネシー州出身の米国人女性、グエンと知り合って結婚。寺崎宅を盗聴したＦＢＩ捜査員は寺崎と大使館員ら日本人との会話については「日本語での会話」としか記しておらず、大半はグエンとその友人らとの英語による会話がファイルに残されている》

しかし、ファイルを読み進めると寺崎が果たして米当局がいうような凄腕のスパイだったのかという疑問が浮かび上がってくる。

寺崎はワシントンに赴任して以来、ニューヨークを定期的に訪れたほか全米を駆け巡り南米にも足を延ばしている。そんな寺崎を二十四時間体制で尾行するＦＢＩ捜査官は、チャールズ・リンドバーグの友人で、反戦運動を展開していたオーランド・アームストロングと寺崎の会合をいかにも怪しげな行動として報告したり、次のような密会場面に多くを割いている。

「（ニューヨークの）領事館を（未確認の）日本人二人と一緒に出てきた寺崎は五六番通りのレストラン〝みやこ〟に向かった。三人は午前零時十五分まで出てこず、その間、レストランの明かりは一室だけで残りは消灯していた。三人はさらに別のバーで密会した」

対米交渉で武力衝突回避を任務としていた日本外交官にとって、反戦運動の有力者であるアームストロングとの接触は当然のことだろう。それに日本外交官が日本食レストランで会合することがそれほど怪しげなことなのだろうか。

普段の寺崎はワシントン近郊のゴルフ場へ行くことを日常とし、午後一時過ぎには若い館員と連れだって、ユニオン・ステーション駅近くの馴染みの中華料理店「チャイニーズ・ランターン」で二、三時間かけて会食するのが常だった。英語だけでなくスペイン語も堪能だった寺崎は、十一月の発令でブラジルへの異動が決まっており、真珠湾攻撃前日に寺崎のための送別会が開かれたのもこの中華料理店だった。

九四年十一月二十日に日本外務省が公開した公文書によれば、その日、真珠湾攻撃にあわせて対米通告（最後通牒）が十四本に分けて東京から送られつつあり、当時の電信官は「内容から緊迫感が感じられず十三本を処理した後、皆で寺崎書記官の送別会をした」と証言している。

だが、この緊迫感のなさが翌日の対米通告の遅れへとつながり、本来なら軍事史上まれにみる奇襲だった真珠湾攻撃が「だまし討ち」として非難される根拠をつくってしまった。開戦を予想して寺崎を二十四時間監視し、対米通告文を徹夜で解読した当時の米国の対応ぶりを考えた場合、送別会は日本の緊張感の無さを際だたせてしまったのである。

ＦＢＩの「寺崎ファイル」は実は十六ページ分が未公開のままになっている。問題の送別会についてファイルは「寺崎が夕食の約束をした（送別会）」としか触れておらず、欠落部分は開戦前夜の記録だと推察される。ルーズベルト大統領は真珠湾攻撃をだまし討ちだとして「汚辱の日」と呼んだ。だが、大使館職員の怠慢を証明するかもしれない寺崎ファイルの空白部分こそがそのだまし討ち論を覆し、皮肉にも日本の汚名をそそいでくれる可能性が高いのである。

天皇への親書――数奇な経緯をたどった「平和の矢」

十二月六日午後三時、ルーズベルトは陸軍から寄せられた電文を前に考え込んでいた。東京の外務省からワシントンの日本大使館に送られてきた電文には「米提案（ハル・ノート）に対する回答を十四部に分けて送り、送付時間については追って連絡する」とあった。短いが、切羽詰まった事情を感じさせる内容だ。

「ぎりぎりの段階になれば」と、心に決めていたルーズベルトは「ついにその時が来た」と判断し、即座に天皇への親電を送る準備をするよう国務長官、ハルに命じた。日本軍機が真珠湾を攻撃するちょうど二十九時間前のことだ。

開戦直前の親書について、ルーズベルトが果たして本気で戦争回避を狙っていたのかという疑問が戦後、つきまとってきた。米議会公聴会などでハルや陸軍長官のスティムソンが「回避努力をみせるポーズとしての価値しかなかった」と証言したからだ。

だが、ルーズベルトが最後に放った「平和の矢」は実に数奇な経緯をたどったのである。

例えば、天皇への親書というアイデアは実は日本側の働きかけでもあった。ルーズベルトが決意する三日前、ワシントンのコネチカット通りにある高級ホテル「メイフラワー」の一室で、日本の特派大使、来栖三郎はルーズベルトの私的顧問だったバーナード・バルークと密談した。

来栖はバルークにこう訴える。

「大統領に直接、お会いしたい。そして、もし大統領が天皇陛下に親書を送達してくれれば、陛下は日本と中国の和平の仲介を大統領に依頼するでしょう。大事なことは対話を続けることであり、大統領側近のハリー・ホプキンズ氏のような特使を派遣してもらうのも良い方法だと思う」

バルークはすぐに大統領側近、パー・ワトソンを通してこの提案をルーズベルトに伝えている(レオナルド・ベーカー著『ルーズベルトと真珠湾』)

来栖が天皇への親書について働きかけたのはこれが最初ではなかった。その数日前、欧州駐在時代に知り合った元駐ソ連大使のジョセフ・デービスとワシントン郊外のゴルフ場で久しぶりに旧交を温めた際、最後の十八番ホールが終わった直後に切り出している。

「戦争を防ぐことのできるのは今や二人しかいない。大統領と天皇陛下だけだ。二人は両国の最高首脳であり、誰にも妨害できない。大統領から陛下に直接連絡を取っていただくわけにはいかないか」

デービスはこの申し出をホワイトハウス報道官のスティーブ・アーリに連絡してい

る。

一方、同じ提案が著名なメソジスト派牧師で大統領との独自ルートを持っていたスタンレー・ジョーンズに対しても日本大使館一等書記官の寺崎英成からなされており、日米交渉に行き詰まった日本大使館が最終段階で親書への工作を必死に繰り広げていた様子がうかがえる。

《ロバート・ビュートー著『東条と迫る戦争』、ジョン・トーランド著『ライジング・サン』＊V－9に親書提案が詳しい》

だが、ルーズベルトはそれよりさらに二ヵ月も前に天皇への親書を試みていた。その頃作成された草案を見ると、「日本がアジア征服をあきらめるなら、貿易正常化に応じるが、新たな軍事行動を起こせば重大な結果を招く」という警告調のものもあれば、「平和のため東条（英機首相）、（中国国民政府の）蒋介石、そして私の三国首脳会談を開くというのはどうか」といったかなり思い切った提案も含まれていた。

だが、これらの草案は「東条内閣の性格を見極めるべき」という国務省のアドバイスによって草案のままに終わり、結局、開戦間近になってルーズベルトが最終決意するまで具体化しなかった。

親書の送付を決意した深夜、ルーズベルトはホワイトハウス二階の書斎で、妻のエレノアらに「人の子である私はほんの少し前、神の子に最後のメッセージを送った」と厳《おごそ》かに述べている。

文字通り「ぎりぎりの段階」で指示を受けたハルは米東部時間で六日午後九時（日本時間七日午前十一時）、ようやく親書を発送した。だが、駐日大使、グルーが受け取ったのはさらに十一時間半も経た七日午後十時半（日本時間）だった。電文には「七日正午受領」とあったが、なぜか米大使館にすぐに届けられなかったのである。

フランクリン・ルーズベルト（中央）とパー・ワトソン（右側軍服姿）

《電文の遅れについてグルーは日本の軍部が配達を妨害したと推測している》

結局、グルー大使が外相の東郷茂徳に親書を手渡したのは八日午前零時十五分過ぎ。最終的に東郷外相が皇居に届けたのは八日午前三時だった。米東部時間で七日午後一時というこの時刻は奇しくも日本が宣戦布告書をハルに手渡す予定時刻であり、真珠湾への一発目の爆弾が落とされる二十五分前のことだった。

親書はあくまで平和を求めるメッセージであり、具体的な提案を含まなかった。これによって戦争が回避されたかというとかなり疑問が残るが、かといってルーズベルトのポーズだったという見方にも無理がある。

戦艦アリゾナ炎上――奴らはハワイを攻撃した

太平洋のほぼ真ん中にあるハワイの夜明けにはまだ、たっぷり二時間以上もあった。米海軍基地のあるオアフ島真珠湾付近をパトロールしていた掃海艇「コンドル」のラッセル・マクロイは午前三時四十二分、真っ暗闇の海面に妙なものがライトに浮かんでいるのに気づいた。左舷前方約一・二キロ。白波をたてているのは潜望鏡のように見える。マクロイはさらに双眼鏡で目を凝らし、白波の下に潜水艇の影を見てあっと息をのむ。

一九四一年十二月七日のハワイは潜水艇の侵入事件で明けようとしていた。

それから三時間、すっかり青空の広がった真珠湾入り口付近で駆逐艦はようやく潜水艇を撃沈する。だが、潜水艇が何の前兆であるのかにまで、頭を巡らせる者はいなかった。

潜水艇が海底に沈んだ直後の午前七時頃、今度はオアフ島北端のレーダーがこれまで見たこともないほど大量の影をとらえていた。

当直のジョセフ・ロッカード一等兵らはオアフ島の北二百二十キロ付近からこちらに向かって進んくる影の大きさと規模に驚き、すぐさまフォート・シャフターの陸軍基地に連絡を取るが、当直将校は「放っておけ」と取り合おうともしない。

大きな影はもちろん、日本の機動部隊の空母から飛び立った百八十三機の大編隊だったのだが、攻撃を全く予想していない当直将校は米西海岸から飛んで来る予定になっていたB17爆撃機の編隊と勘違いしたのである。

米太平洋艦隊司令長官、ハズバンド・キンメルは日曜日のこの日、ハワイ方面陸軍司令官のウォルター・ショートとゴルフの約束があった。フォート・シャフター陸軍基地にある九ホールのコースは見事な景観で知られ、午前九時半からのプレーが待ち遠しいほどだった。

だが、午前七時四十五分、突然の電話にキンメルはギクリとしている。潜水艇の発見と撃沈に関する当直司令官の簡単な報告を受けたキンメルが予定を変更して司令部へ行くことを決めた瞬間、大音響が鳴り響いた。司令長官公邸は真珠湾を見下ろす高台にある。ベランダに飛び出たキンメルは、眼下の戦艦アリゾナが真っ赤な火柱を上げているのをみて呆然と立ち尽くしている。

座礁した日本海軍の小型潜水艇

《日本攻撃機の指揮官、淵田美津雄中佐は午前七時四十九分に突撃命令「トトト」を打電し、その四分後には「トラトラトラ」と打って「ワレ奇襲ニ成功セリ」と報告している》

オアフ島付近で国籍不明の潜水艇の捜索が続いていた午前五時頃、ワシントンのある米東部は時差ですでに午前十時半になろうとしていた。日曜日とはいえこの日、国務長官と陸海軍長官の三人は国務省に現われ、綿密な打ち合わせを行なった。前日、日本大使館に送られてきたハル・ノートへの回答が明らかに交渉決裂を意味していたためで、三人は不気味な前兆を感じ取っていた。

協議は正午まで続き、三人はとりあえず「日本が攻撃してきた場合、英国、オランダ、オーストラリア、中国の足並みをそろえることに全力を挙げる」ことで一致した。つまり三人とも日本軍の矛先は英領マレーかオランダ領東インド（現インドネシア）に向かうとにらみ、米国がこの四ヵ国と協力して日本に対抗することを再確認していたわけだ。

三人が協議を終えて、それぞれ昼食にでかけた頃、ルーズベルトは側近のホプキンズとともにホワイトハウスでくつろいでいた。ワイシャツ姿のルーズベルトは遅い朝食を済ませ、午後には趣味の切手整理でもと考えていた時に電話が鳴った。

時刻は午後一時四十分。ハワイでは午前八時十分になっており、日本機の攻撃はまさに最高潮に達しようとしている。「大統領、真珠湾が攻撃を受けているようなのです」

海軍長官、フランク・ノックスの報告にルーズベルトは思わず「まさか」といって絶句している。このあと、車椅子を走らせて一階のオーバルオフィス（大統領執務室）に向かい、ハワイ知事、ジョセフ・ポインデクスターをつかまえたが、電話口の向こうから響く怒号と混乱にルーズベルトは「何てことだ。日本の攻撃がまた始まったようだ」と青ざめた。

《真珠湾攻撃の第二波は午前八時四十三分（米東部時間午後二時十三分）に始まり、約一時間続いた》

一方、陸軍長官、スティムソンは国務省での午前中の協議を終えた後、自宅で昼食を取っていた。大統領からの電話を受けたのは午後二時過ぎ。ルーズベルトが「報告を受けたか」と問いただしたのに対し、スティムソンは「ええ、シャム湾に日本軍が向かっているようですね」とまるで見当違いの対応をしている。いらいらしたルーズベルトは「奴らはハワイを攻撃したんだ。今も爆撃中なんだ」と怒鳴っている。

真珠湾攻撃が史上、前例を見ない奇襲だったことは、この慌てふためきぶりからも十分にうかがえる。それでは一体なぜ、これほどの軍事作戦に米国は気づくことができなかったのか。真珠湾攻撃を経験した米国は以後、激しい怒りと同時に身を割くような自省に悩まされ続ける。

極東航空隊――先制攻撃できず〝虎の子〟消滅

日本の真珠湾攻撃に慌てふためいたルーズベルトだったが、一報から一時間後には、徐々にだが落ち着きを取り戻していった。当面の対応を協議するため、米東部時間で午後三時、国務、陸海軍の三長官と陸軍参謀総長、海軍作戦部長の五人をホワイトハウスに呼んでいる。

《協議の始まった一九四一年（昭和十六年）十二月七日午後三時はハワイ時間で午前九時半。真珠湾を襲った日本機の第二波攻撃はその五分後に終了し、全機がカウアイ島北西三百二十キロにいた機動部隊の六隻の空母へと向かった。ルーズベルトは協議中、間断なくかかる電話を自ら取って刻々と届く被害状況を聞いている》

協議は大統領の落ち着きを反映してか、非情なほどの冷静さのなかで進められた。ルーズベルトはまず国務長官、ハルから日本側が遅ればせながら最後通牒を持ってきたことを確認した後、米極東軍の基地のあるフィリピンの状況について陸軍参謀総長、マーシャルに問いただしている。

この協議に特別参加した側近、ホプキンズのメモを下敷きにしたロバート・シャーウッド著『ルーズベルトとホプキンズ』によると、ルーズベルトがとりわけ知ろうとしたのは「(フィリピンの)航空隊について」だった。＊V－10
七月に米極東軍司令官となったマッカーサーの強い要請で米陸軍は二ヵ月前から爆撃機B17の編隊をフィリピンへ配備中だった。目的は不穏な動きを見せる日本の輸送船団への爆撃攻撃、場合によっては台湾にある日本軍基地への先制攻撃さえ可能にするためだった。

ボーイングB-17爆撃機

これに対し、マーシャルはそわそわしながら「日本と交戦状態に入った場合、必要な対応を即座に取るよう(マッカーサーに)指示を終えた」と答えている。

米爆撃機による日本への反撃というルーズベルトの期待にはすでに赤信号が灯っていた。真珠湾攻撃で太平洋艦隊の大半を失った今、フィリピンの米極東軍は孤立状態に陥っていた。むしろ、わずか八百キロ北の台湾から爆撃機が襲ってきた場合、どう防衛するかという難題に直面していたのである。

陸軍だけで三万人余りが駐留するフィリピンでは実は、現地時間八日午前二時半（米東部時間七日午後一時半）過ぎに戦闘態勢がとられていた。直前にハワイの無線放送が「真珠湾が空襲されている。これは訓練ではない」と流したのを傍受していたからだ。虎の子のB17三十五機が駐機するクラーク基地でも奇襲を予想して厳戒態勢に入っている。

だが、マッカーサーを含め米極東軍指導部はどうしても台湾への先制爆撃に踏み切れなかった。

米陸軍省が一九五三年（昭和二十八年）に出版したルイス・モートン著『フィリピン陥落』によると、開戦前から準備した台湾爆撃をマッカーサーがなかなか決断しなかったことから、とりあえず防衛のため、B17を空中に退避させたのである。

ところが、八日午前十一時（米東部時間七日午後十時）になってなぜか出撃命令が出され、三十分後にはクラーク基地に三十五機すべてが燃料補給と爆弾積載のために舞い戻る。それまで天候不順で飛び出せなかった日本の爆撃機と零式戦闘機がそれを待っていたかのようにクラーク基地を襲った。

この空襲で結局、B17が十七機、そのほか戦闘機など約八十機が地上で破壊され、米極東航空隊はほぼ立ち直れない打撃を受けている。

陸軍長官、スティムソンとマーシャルが日本の脅威を抑止する目的で力を入れ、真珠湾の防衛を犠牲にしてまで増強してきたフィリピンの航空隊はこうして真珠湾攻撃から十一時間後にあっさりと姿を消してしまった。

《ルーズベルトがマーシャルに航空隊について問いただしたとき現地はまだ八日未明。やっと厳戒態勢をとったばかりだった》

ルーズベルトはこの日午後八時半の緊急閣議後、米上下院の主だった議員をホワイトハウスに招いている。翌八日に議会に要請するはずの日本への宣戦布告の承認を根回しするためだ。真珠湾奇襲の説明を聞いた後、トム・コナリー上院議員は多くの同僚議員の気持ちを代弁してこう感想を述べている。

「大統領、（真珠湾の）米兵たちは警戒態勢にあらねばならなかった。確かに私も日本の奇襲には驚かされた。だが、それ以上にわが海軍は何をしていたのか、ということのほうがショックだった。パトロールはしていなかったのか。ぐっすり寝込んでいたということなのか。日本との交渉経緯を知っていたはずなのに……」

日本への怒り以上にそれを許した米国の〝ふがいなさ〟に疑問を抱く議員らの問いかけに大統領は「とにかく戦争が起きてしまった。われわれはもう逃げられない」と、まず戦う心構えを強調している。

ルーズベルトは八日午前零時半になってやっとビールとサンドイッチの夜食をとることができ、居間から側近らを退出させて就寝している。だが、その間にもフィリピンが日本の猛爆撃にさらされていることをルーズベルトはまだ知らなかった。

《真珠湾問題の議会公聴会に提出された米陸海軍の報告では、真珠湾における米国人死傷者は三千三百七十人。戦艦アリゾナをはじめ多数の艦船、航空機が破壊された》

卑劣な攻撃――日本は懲罰を受けねばならぬ

ハワイの真珠湾に続いてフィリピンのクラーク基地までが十二月八日午後一時（米東部時間八日午前零時）過ぎ、日本の猛爆撃を受けて大型爆撃機B17など極東航空隊の中核は壊滅的な打撃を受けた。

その一報を聞いたワシントンの陸軍省はよほどショックが大きかったのか、極東軍司令官のマッカーサー将軍が「敵の数が多すぎて防ぎようがなかった」と説明したことに納得できなかった。二日後の十日、今度は陸軍航空隊総司令官のヘンリー・アーノルド将軍が直々、極東航空隊司令部に長距離電話を入れている。

アーノルドは、被害の説明をする極東航空隊司令官、ルイス・ブレトン将軍に対し「おまえほどのベテランがどうしてこんなミスを犯した。こうした事態を起こさないように（マッカーサーに）おまえを付けたのではないか」と、興奮しながら詰問している。

ブレトンはこれに対し「台湾爆撃を目指したが上司の命令で決行できず、逆に爆撃された」と説明したあと、陸軍省の追及が心配になり、「（この問題で）事実関係を明らかにするのを手伝ってほしい」とマッカーサーに相談し、激怒させている（『ブレレトン日記』＊V－11）。

真珠湾攻撃は日本のだまし討ちが強調され、米国民の怒りと戦意を強める役割を果たした。だが、米議会や陸海軍指導部は、日本の奇襲を許した真珠湾基地の防衛態勢を厳しく追及した。太平洋艦隊司令長官、キンメル提督と陸軍ハワイ方面司令官、ウォルター・ショート将軍の二人はその責任を問われ、真珠湾攻撃の日から十日後に解任された。

だが、真珠湾攻撃から九時間後、しかもアーノルドが指摘したようなミスがあったにもかかわらず、極東航空隊の壊滅的打撃についてマッカーサーらは追及されなかった。

真珠湾ショックから一夜明けた八日、ルーズベルトは極東航空隊の信じられないような壊滅を知り、ソ連大使館と連絡を取るよう国務長官のハルに指示を与えている。極東航空隊の中核を占めたB17爆撃隊は本来、台湾だけでなく日本本土爆撃をも視野に置いて派遣されたものだった。しかし、航続距離の関係からフィリピンを飛び立ったB17は日本を爆撃後、ソ連か中国でいったん、燃料補給の必要があった。

十月中旬からモスクワで続いていた米ソ交渉は、ウラジオストクのソ連基地使用権をめぐるものだったが、肝心のフィリピンが大きな打撃を受けた今、米国は今度はウラジオストクから直接、日本を爆撃するというアイデアに取りつかれたのである。

七日にワシントンに赴任したばかりのソ連の駐米大使、マキシム・リトビノフは翌八日朝、国務省に呼ばれている。リトビノフが入ってくるなり、ハルは基地使用許可を強く迫り、リトビノフが「本国に問い合わせたい」と答えると、三日後という回答期限まで指定している。その回答日にリトビノフは「ドイツだけで手がいっぱい。日本を挑発したくない」というソ連首相、スターリンの説明を繰り返したが、ハルはいかにもイライラした様子でさらに説得を試みている。

米議会で宣戦布告を要請する演説を行なうフランクリン・ルーズベルト

「一つはウラジオストク、もう一つはカムチャッカ半島のどこかの基地を使用できれば、米爆撃隊は日本の海軍基地だけでなく大都市を猛爆できる。それは貴国にとっても有利なはずだ。ドイツと日本は同盟国であり、地球レベルで考えた場合、日本はいずれはソ連の脅威となる。わが国の世論は、ソ連がなぜわれわれに基地を使用させないのか理解に苦しむだろう」（国務省十二月十一日付ハル・リトビノフ会談録＊V—12）

ソ連基地を使って日本を爆撃するというアイデアは結局、スターリンの頑固な拒絶で実現しなかった。ただ、反撃といいながらまるで〝懲罰〟のような爆撃計画に米国が取りつかれたのは、それだけ真珠湾のショックが大きかったということだろう。

ルーズベルトはこうしてソ連説得に力を入れる一方で、米国民に真珠湾攻撃の卑劣さをどう訴えるかに心を砕いている。真珠湾攻撃直後の七日午後、ルーズベルトの長男、ジェームズはワシントン郊外の自宅で休養中にホワイトハウスから呼び出された。オーバルオフィス（大統領執務室）のルーズベルトは「やあ、ジミー。ついに始まったよ」と顔も上げずにつぶやいたあと、「これから四十八時間のメディアキャンペーンが重要になった」と言うのをジェームズははっきりと覚えている（ドリス・グッドウィン著『ノー・オーディナリー・タイム』＊V－13）。

翌八日朝、米議会で大統領が行なったスピーチは、そうした狙いを凝縮していた。真珠湾攻撃を「汚辱の日」として描いたこのシンプルなスピーチは、日本の卑劣さを一つ一つ指摘しながら米国民の傷ついたプライドに強く訴える内容となった。

米国民の気持ちをルーズベルトがいかに理解していたかについて、ニューディール時代の側近、レックスフォード・タグウェルは自著『民主的なルーズベルト』で次のように書いている。

「アメリカに立ち向かってうまくいくとでも思ったのか。日本は懲罰を受けなければならない。フランクリンは米国民の気持ちを的確にくみ取った」

孤立主義の終焉――平和の代償は何だったのか

ハワイの真珠湾攻撃から二時間半ほど経た十二月七日午後四時（米東部時間）頃、ミシガン州選出上院議員、アーサー・バンデンバーグの机の電話が鳴った。日本軍の奇襲を伝える淡々としたホワイトハウス職員の声を聞きながら、バンデンバーグは「これでアメリカの孤立主義は終わった」と、自らに言い聞かせている。

上院外交委員でもあったバンデンバーグは共和党の有力な孤立主義者だった。孤立主義というのは海外紛争に介入しないことを基本とした米国の伝統的な外交姿勢で、欧州戦争で英国を支援したルーズベルトの外交に真っ向から反対した人たちだった。ちなみに干渉に頼ってでも民主主義を広め、自由貿易を広めようというルーズベルトらの考え方は国際主義と呼ばれた。

バンデンバーグがそうした信条を捨て去ることを決めたのは、日本の真珠湾攻撃で戦争を余儀なくされ、「非常事態において、もはや反対は許されなかった」からだ。

バンデンバーグは「あらゆる手段を使って戦争に勝たねばならない」という声明を発表したあと、ホワイトハウスには「意見の違いはあったが、日本の問題については大統領を全面支持する」と、伝えている。

実際、八日午後零時半の米上院でのルーズベルトの対日宣戦布告要請に対し、孤立主義者たちは大挙して賛成票を投じ、わずか三十分で宣戦布告は成立している。

だが、バンデンバーグは「戦争中は問題にしない」としながら次のような興味深い疑問点を日記に書き残していた。

「天皇の特派大使（来栖三郎）が来て始まった最後の十日間の交渉について、われわれは何も聞かされていなかった。上院外交委にさえ秘密にされていた。多分秘密にする必要があったのだろうが、いずれそれが公開されることを願う。私は何を代償に平和を求めたのか知りたいからだ。比較的小さな譲歩で平和が達成できたのではないか」

「例えば日本の満州国だが、すでに十五年近くも存在している。米国はスティムソン・ドクトリンで承認を拒絶したが、有り体にいえば、〝そこにある現実〟だった。

中国は広大な国だ。その現実を前提に何とか譲歩を引き出すことで平和が達成できたように思う。もちろん推測ではあるが、知人の日本人との会話でそうした感触を持っていた。日本の攻撃を許す気にはなれないが、われわれの硬直した原則外交が日本を戦争に追いやったように思えてならない」（アーサー・バンデンバーグ・ジュニア著『バンデンバーグ上院議員の私的文書』＊V−14）

アーサー・バンデンバーグ（右端）

バンデンバーグが日本を戦争に追いやったと指摘したのは十日前に国務長官、ハルが日本側に手渡したハル・ノートのことだ。すべての占領地からの撤退を求めたハル・ノートを日本は最後通牒と受け止めたが、米側にも同様の見方をする人たちがいたわけである。

バンデンバーグら孤立主義者の牙城《がじょう》だった「アメリカ・ファースト協会」もまた、真珠湾攻撃によってその基盤を失った。十二月七日午後三時過ぎ、リーダー格のジェラルド・ナイ上院議員らを招いてピッツバーグで始まった集会は、日本との戦争に反対する講演のその最中に「日本からの攻撃」というニュースが伝えられ、あっけなく閉幕し、それ以降、集会が開かれることはなかった。

西半球（南北アメリカ大陸）以外への不干渉という伝統外交はこうして真珠湾攻撃によって失墜し、それ以降、大きな力を持つことはなかった。米外交史を専門にする歴史家、ウェイン・コールは自著『ルーズベルトと孤立主義者たち』の中で、その歴史的意味を次のように分析している。

「孤立主義は国内、国外の環境の激変に適応できなくなった。英仏の退潮に代わって日独など枢軸国の挑戦があり、さらにソ連からの挑戦が後に加わる。海外からの挑戦と近代兵器の恐怖が米国の世界への介入を決定づけた。ルーズベルトはそんな環境と無関係だが、孤立主義を根絶やしにする役割を担ったことになる。ルーズベルトの登場によって米国は孤立主義に戻ることができなくなった」

真珠湾の直前まで米国世論の大半は戦争に反対だった。建国の父、ジョージ・ワシントンが「海外の紛争にかかわるな」と遺言し、トーマス・ジェファソンやジェームズ・モンローら歴代大統領によって強められた孤立主義はルーズベルト時代にあってもバンデンバーグら多くの有力議員をはぐくんだのだが、真珠湾攻撃をきっかけに孤立主義を主張する議員は急速に姿を消した。

米国最後の著名な孤立主義者となったチャールズ・リンドバーグは自著『第二次大戦日記』の中で、真珠湾攻撃を聞いて戦場へ赴くことを決意しながらもなお、納得できない気持ちをこう書いている。

「何のための戦争なのだ。この戦争によって何が得られるのかいまだにはっきりしない。民主主義と自由を世界に広げるというが、われわれには言葉だけのように思える。実際、米国でさえ真の民主主義も自由も達成できていないではないか。戦争に深入りすればするほど、実は民主主義と自由から遠ざかることになる」

アメリカが戦後、世界最大の海軍力を背景にグローバリズムの象徴となったのは、そもそも孤立主義を捨てるきっかけとなった日本の真珠湾攻撃に淵源をたどることができる。

米国上陸の幻影——日本軍をシカゴで食い止めろ

真珠湾攻撃のあった十二月七日（米東部時間）午後、混乱するホワイトハウスで大統領のルーズベルトと側近のホプキンズが日本軍の米西海岸上陸にどう対処すべきかを相談しているのを、大統領執事、アロンゾ・フィールドが立ち聞きしている。フィールドが一瞬、ギクリとしたのは、米太平洋艦隊が壊滅状態になった今、無防備の西海岸に日本軍が上陸するのは時間の問題というにわかに信じられないようなシナリオを二人が真顔で話し合っていたためだ。

ルーズベルトはそのシナリオについて「だが、アメリカはロシア同様、広大な領土を持つ大陸国家だ。シカゴまで日本軍が来た時点で補給線が延びきるだろう。この時に反撃のチャンスがくる」と結論づけている（ドリス・グッドウィン著『ノー・オーディナリー・タイム』＊V―15）。

真珠湾攻撃が史上まれにみる奇襲の成功例となった背景には、米国が日本の攻撃力をあまりにも過小評価していた点が指摘できる。ノックス海軍長官が真珠湾攻撃を最初に報告した際、ルーズベルトが最初に発した言葉は「まさか」だった。陸軍長官、スティムソンは真珠湾攻撃の日、自宅で昼食をとっており、大統領からの急の知らせに対し「日本は英領マレーを攻撃しようとしている」と見当はずれの答えをしている。

つまり、米国指導部の誰も米国が直接、攻撃にさらされるとは考えてもみなかったのである。だが、太平洋艦隊壊滅の報を受けて振り子は大きく逆に揺れ、今度は日本軍の米国上陸という幻影に悩まされることになる。

ルーズベルトとホプキンズが日本軍をシカゴで食い止めようと相談した日の午後十時、スティムソンは陸軍次官の緊急電話に起こされた。陸軍情報部の知らせでは、日本の大規模な艦隊が米西海岸のサンフランシスコを目指しており、間もなく上陸の心配があるというものだった。スティムソンは「知らせてくれたのはありがたいが、今や日本軍を阻止しようがないではないか」と、苦々しく返事している。

結局、この情報は全く根拠のないもので、海上からサンフランシスコに向かっているとみられた飛行機群は実は、帰還する米爆撃隊だったことが後で判明する（『スティムソン日記』）。

太平洋を挟んで日本と対峙《たいじ》している米西海岸における恐怖と空騒ぎは深刻だった。後に中国・ビルマ・インド方面軍司令官になるジョセフ・スティルウェルはこの頃、カリフォルニア州中部のサンルイスオビスポから南部のサンディエゴまでを防衛する第三軍司令官をしていた。当時の日記をもとにした「スティルウェル文書」は、その時の米国の慌てふためきぶりを克明に記している。

「十二月七日　ジャップ（日本）がハワイを攻撃。電話連絡あり。ジャップの艦隊がモントレー（サンフランシスコ南の第三軍本部）から十マイル（十六キロ）に迫る。偵察機を出す」

「十二月八日　日曜日（七日？）深夜にサンフランシスコが爆撃される。サンフランシスコはこのため夜間灯火管制に入った」

「十二月九日　午前中は司令部に。三十四隻の（日本の）艦隊がサンフランシスコとロサンゼルスの間を航行中との報告あり。誤報とわかるが、悪い予感に襲われる。日本軍がすでに上陸したという多くの情報が寄せられたためだ」

「十二月十一日　サンディエゴの基地訪問。緊急報あり。日本主力艦隊がサンフランシスコ沖百六十四マイル（約二百六十二キロ）に到着。全軍警戒態勢を発したが、どう対応すべきか見当もつかずに部屋をぐるぐる歩き回るばかり」

一九四四年、北部ビルマのジョセフ・スティルウェル（右）

スティルウェルが悩まされ続けたこの幻は、日露戦争直後に米西海岸で吹き荒れた黄禍論とウォースケア（戦争騒ぎ）を彷彿《ほうふつ》させる。ロシアに勝った日本が太平洋を越えてついにロサンゼルスに上陸するという漠然とした恐怖は、アジア系移民への差別意識によって強まったことは第三部の「日本脅威論」でみてきた通りだ。その恐怖が真珠湾攻撃によって四十年ぶりに復活したわけだ。

一九〇九年、米国でベストセラーとなったホーマー・リー著『無知の勇気』に次のような描写がある。それは白人たちの恐怖心に強く訴えるものだ。

「ハワイとフィリピンを占領した日本軍はやがて十万の大軍を乗せた輸送船団をさらに東へと向けた。この艦隊は四週間で太平洋を横断し、米国侵略が始まった。重要なのは単に豊かな州が失われたにとどまらず、砂漠と山岳によって囲まれているため、（いったん占領されると）奪還が難しい点だ。日本はそこを拠点に東へと向かうことができる」

ルーズベルトが真珠湾攻撃と同時にシカゴ防衛ラインを検討したのは、海軍次官補時代に読んだ『無知の勇気』が脳裏の隅にあったのはほぼ間違いないだろう。そして、日本への恐怖と表裏一体の関係にあった黄禍論もまた同時に復活したのである。

真珠湾からほぼ一ヵ月後の四二年一月十三日、ホワイトハウスに招待された作家のルイス・アダミッチはルーズベルト夫妻に次のように訴えている。

「敵性国家のドイツやイタリア系移民の子孫が不自由なく暮らせるのに、日本人移民だけがなぜ強制収容されなければならないのか、理解に苦しむ」（アダミッチ著『ホワイトハウスでの夕食会』＊V―16）

真珠湾攻撃によって日系米人に対する迫害はピークに達しようとしていた。

WRAの恐怖――日本人社会の解消を狙った

ルーズベルトは真珠湾攻撃の日から三ヵ月余りたった一九四二年（昭和十七年）二月十九日、大統領令九〇六六号を発令している。「陸軍長官への権限委譲」と題する大統領令は「軍事施設防衛のために必要な措置を取るよう命じた」という曖昧な文面になっているが、「日系米人の無差別拘束」という具体的な指示について関係者は暗黙のうちに了解していた。

陸軍長官、スティムソンは大統領令を忠実に守って「戦時移住局（WRA）」を発足させ、WRAは米西海岸を中心に居住する約十二万人の日系米人について、病人であろうと、母子家庭であろうとお構いなしに引き立て、砂漠に設けた十ヵ所の強制収容所に送り込んだ。

《WRAの「R」は「Relocation」の頭文字で文字通りの意味は「移住」か「配置換え」。だが、実態は強制的な追い立てであり、いわゆる米国版エスニック・クレンジング（民族浄化）だった》

ナチス・ドイツは三三年三月、ミュンヘン郊外ダッハウに最初の強制収容所を設けてユダヤ人という理由だけで拘束したことから、米政府はその非人道性を強く非難した。だが、WRAもまた、日系米人を日本出身という根拠だけで鉄条網に閉じ込めてしまったのである。

そして強制収容所の過酷さは、全体主義のドイツであろうと民主主義の米国であろうとそう変わりないことは次のようなエピソードが物語っている。

四二年七月二十七日、ニューメキシコ州にあるローズバーグ収容所に百五十人の日系米人の〝囚人〟が転送されてくる手はずになっていた。近くの鉄道駅に到着した囚人たちはそこから二キロほど砂漠の中を歩かなければならなかったが、カリフォルニア州サンペドロで漁師をしていた一世の「ヒロタ・イソムラ」ら二人は高熱で動けず、トラックで先に収容所に送り込まれた。

ところが、担架で運ばれた二人が収容所入り口に到着すると、警備員のクラレンス・バールソン上等兵は有無を言わさず射殺してしまった。バールソンにすれば、憎き日本人であり、起き上がれないほどの病人なら殺したほうが手っ取り早いと判断したのだろう。収容所長も同様の判断をし、この問題で処分はなかった。他の〝囚人〟たちが二人について問い合わせたのに対し、所長は「逃げようとしたので射殺した」とだけ説明している（ロジャー・ダニエルス編纂『日系米人、その強制移住と補償問題』＊V－17）。

こうした理不尽な死のエピソードは数えれば枚挙にいとまがない。だが、より興味深い問題を提起しているのは、米西海岸で黄禍論の対象となるほど存在感のあった日系人社会が戦後、復活しなかったことだ。日系人家族は強制収容所を解放されると砂にまかれた水のように全米に消えてしまったのである。その意味でドイツ系ユダヤ人たちが戦前のような存在感をなくしてしまったのと同じ運命をたどったといえる。

それではルーズベルトがWRA設置を決めた時の意図は本当のところどこにあったのだろうか。スティムソンは日記で「一種の避難措置だ。日本軍が上陸すれば、日系人が敵側に寝返る可能性があった。さらに西海岸における反日感情は危険な状態であり、日系人を保護するという目的もあった」と説明しているが、単にそうした軍事的理由からだったのだろうか。

トラックで収容所に運ばれた日系米人のグループ

軍事的理由から取られた緊急避難措置は、真珠湾攻撃の日に取られている。ルーズベルトは司法長官、フランシス・ビドルに対し日本だけでなくドイツ、イタリア系の危険人物の逮捕を命じており、七百三十七人の日系米人がその日のうちに拘束され、連邦捜査局（FBI）はその四日後には千三百七十人の日系人を一斉逮捕しているからだ。

にもかかわらずルーズベルトは四二年二月一日、日系人を無差別拘束し、強制収容するという極端な措置を閣議に諮っている。このとき、内務長官のハロルド・イッキーズは「ばかげており、残酷すぎる」と考えたそうだが、閣議では誰も反対しなかった。

その後、問題の大統領令が発令されるわけだが、直前、ビドルは「これは西海岸の反日感情に迎合した措置であり、日系人の農地を手に入れようという利益誘導が絡んでいる。陸軍省に対し、日系人には国家転覆のような危険な兆候はみられないことをアドバイスした」と、苦々しげに批判している。ルーズベルトはこうした側近の反対を無視してまで日系人の強制収容に踏み切っていたわけだ。

四一年十一月二十六日、日本にとって最後通牒となったハル・ノートが手渡された日、ルーズベルトは人類学者のヘンリー・フィールドに「早急に全米の日系米人の居住地と氏名リストを作るよう」に命じている。さらに日系人解放が近づいた四四年暮れには、国務長官代行、エドワード・ステティニアスに「日系人をできるだけ各地に拡散させる必要がある」という覚書を渡していた。

つまりルーズベルトは日米開戦前から日系人社会の把握を急ぎ、戦後においては日系人が大きな集団とならないことを期待していた。戦争という緊急事態を梃子《てこ》に日系人社会の解消を狙ったとしか考えられない措置だったのである。

教授の進言――日本人は日本列島に閉じ込めろ

米国務省特別代表、カーチス・マンソンは一九四一年（昭和十六年）十一月七日、日系米人の米国への忠誠度を調査した「マンソン報告」を大統領のルーズベルトに提出した。大統領の直接指示で行なわれたこの調査は一ヵ月以上に及び、いわゆる移民第一世代の「一世」、その子の「二世」、さらには孫の「三世」という三つのカテゴリーに分けて詳細に検討している。

マンソンは報告で、「米国籍を取ることができず、文化的にも日本を忘れることができない一世を除いて、他の世代は米国に根を下ろしており、忠誠に問題はない」と結論づけている。疑惑の一世についても「ロマンチックな日本への愛着は強いが、すでに米国に家や土地を手に入れ、裏切るとは思えない」とし、「この程度の愛着ならば日本以外の移民とそう変わらない」と、日系人だけを特別扱いする必要のないことを強調している。

こうした報告を受けながらルーズベルトはその二十日後、日系米人約十二万人の氏名と所在地をすべて把握するよう人類学者に命じていた。日系米人だけを対象にしたリスト作りは、ナチス・ドイツが一九三三年に政権に就いた直後に開始したユダヤ系ドイツ人のリストを彷彿《ほうふつ》させる。

父親がドイツ系ユダヤ人で、ドイツを生涯、憎み続けた財務長官、モーゲンソーは日本の真珠湾攻撃直後、日系人商店のアルコール販売ライセンスをすべて取り上げるなど徹底した差別政策をとったのだが、四二年二月になってルーズベルトが日系人全員を強制収容所送りにすることを主張したとき、意外にも強く反発している。

「日本人を強制収容所にほうり込みたいそうだが、私はそんなことに加担したくない。十五万人もの日本人を総ざらいし、どんな人間なのか考慮せずに鉄条網の向こうに閉じ込めるとはあきれ果てる。これではあのドイツ人たち（ナチス・ドイツ）と同じではないか。わが国を害する輩《やから》を捕まえるのは賛成だが、無差別の拘束はダメだ」

しかし、ルーズベルトはモーゲンソーとは違った基準で日本人を観察していた。一九四二年八月六日、英国の駐米公使、ロナルド・キャンベルが英外務次官、アレキサンダー・カドガンあてに送った報告書はそれを明らかにしている。

「米英はインドをアジア圏ではなく西欧圏に含めるべきだと語った。大統領によると、インド人は人種的に白人種のアーリア系だからだそうだ。さらに極東地域で人種融合の必要性があると説いた。日本人の頭蓋骨は劣性血統のため十分に発達しておらず、邪悪な行為に至っている。それを解決するため大統領はスミソニアン博物館の教授に人種間融合を研究させていると語った」

「これまでのところ、次の結論に達したそうだ。インド人とアジア系人種の融合、あるいは欧州系人種とアジア系人種の融合を進める。最も良いのは欧州系とインド人の融合だそうだ。そうすることで極東地域に良き文明と秩序が生み出される。ただし日本人は日本列島に閉じ込めてしまう必要がある」

《クリストファー・ソーン著『ある種の同盟、英米の対日戦争』によると、人種間融合の研究をしたスミソニアン博物館教授とは、同博物館人類学部長、アレス・ハードリシュカだった》＊V–18

マンザナ強制収容所での日系米人たち＝一九四二年七月

これら人種間融合についてのルーズベルトの意見は、キャンベルがニューヨーク州ハイドパークの大統領の自宅を訪ねた際の会話の断片だ。だが、ルーズベルトが人種にこだわってきたことは別の場面でも多く散見できる。

例えば、ルーズベルトは対独戦の行方がほぼ見えたとき、モーゲンソーに対し「ドイツ人を去勢するか、それに近い方法を考えなければならない。そうすることで二度と過去のような行ないができないようにすべきだ」と助言している。モーゲンソーはそれを受けて工業力を根こそぎ取り払い牧畜国家にするという極端なドイツ戦後案を作り出している。

別の機会には米国統治領のプエルトリコの出産率が高すぎる問題で「ヒトラーが効果的に使った方法はどうだろう。簡単だし痛みもない。わずか二十秒で去勢できるそうだ」と学者ブレーンのチャールズ・トーシックに話している。

だが、ルーズベルトの日本人に対する考え方はこれら奇妙な言動を上回る異質なものだった。

三三年に大統領に就任して以来、ルーズベルトはハードリシュカ教授に個人的助言者の役割を与え、満州事変などで日本に強い義憤を抱くようになったある日、「日本人はなぜ邪悪なのか調査してほしい」と依頼した。それに対し教授は「日本人の頭蓋骨はわれわれに比べ二千年ほどの遅れがあり、それが原因だ」と報告した記録が残っている。

日本人をめぐる二人の意見交換は多くの文書で確認できる。とりわけ四一年夏、日米交渉が行き詰まりを見せた頃の教授の大統領あて手紙類は群を抜いて多い。そして多くの手紙には「米国民を覚醒させ日本に立ち向かわなければならない」と執拗なほど書かれていた。

ルーズベルトは四二年二月十九日、軍事的な理由から危険な日系米国人を強制収容所に送り込む大統領令にサインした。だが、皮肉なことに同じ日、米統合参謀本部は軍事的にみて日系人拘束の必要はないという結論を出していた。

フィリピン奪還——選挙直前にニュースを届ける

真珠湾攻撃から九時間後、フィリピンの米極東軍が日本の襲撃に備えることもなく航空隊の主力を失ったことに対する非難はワシントンでくすぶり続けた。とりわけ極東軍司令官であるマッカーサーにそれは向けられた

ルーズベルトがそうした不信を特に強く抱いていたことが一九四二年四月十日、前

フィリピン高等弁務官のフランク・マーフィーとのやりとりにみられる。マーフィーは後に米最高裁判事として日本の山下奉文大将に復讐的な判決を下したマッカーサーを厳しく批判したことで知られる。

「(マッカーサーは) 日本の攻撃を撃退できるとあれほど豪語したが、蓋《ふた》を開けてみるとフィリピン軍は日本軍の進撃をみて前線を放棄してしまった。パターンやコレヒドール島への撤退も整然としたものでなく、まるで逃亡に近かった」

大統領の苦々しいコメントに対しマーフィーが「それではなぜ、名誉勲章を授けたのですか」と尋ねると、ルーズベルトは「議会と国民の声とやらの圧力だ。実際、メダルを与える英雄的な行動などこれっぽっちもなかった」と、冷たく言い放っている(マイケル・シャラー著『ダグラス・マッカーサー』*V-19)。

ルーズベルトのマッカーサーに対する侮蔑的な発言はその後も続いた。同年七月十一日、ホワイトハウス報道官のウィリアム・ハセットには次のように話している。

「マッカーサーはスタンドプレーが多すぎる。マニラへの日本の奇襲で(爆撃機を)

損失したことをもう忘れたのだろうか。真珠湾ではキンメル（提督）らが厳しい処分を受けたというのに。フィリピンに援軍が来るという誤った希望を部下に与えたことも犯罪的だった」（ハセット著『オフレコ』＊V―20）

真珠湾攻撃で復讐心に燃えた米国民にとって太平洋方面で活躍するマッカーサーは常に英雄だった。ルーズベルトがドイツを最初に叩くという戦略「レインボー5」に従って欧州を優先させたことに対し、マッカーサーは孤立無援で日本と戦うというイメージをつくりあげ、それがまた国民に強くアピールした。

マッカーサーが国民人気を意識していたのは間違いない。四二年後半頃からマッカーサーの英雄的自伝が多く出回り、それまでステッキを使っていたのを「弱々しいから」と捨て、例のコーンパイプを手にするようになったのもこの頃だ。マッカーサーは四三年夏になると配下の情報参謀、チャールズ・ウィロビーをワシントンに派遣し、ひそかに共和党幹部らと接触しているが、四四年暮れの大統領選挙を念頭に置いているのは明らかで、少なくともルーズベルトはそう考えた。

ルーズベルトは側近らに「マッカーサーを〝殉教者〟にするわけにいかない」と述べ、四四年一月、六十四歳の定年を迎えたマッカーサーを現役にとどまれるよう特別措置を取り、メダルまで授与したのは、マッカーサーが国民の同情を集めて選挙に打って出るのを事前に阻止するためだった。

こうして政治的ライバルとして対決コースを歩み始めた二人は四四年（昭和十九年）七月二十六日、ハワイの真珠湾で顔を合わせている。ルーズベルトは四期目を目指す民主党大統領候補に指名された直後であり、表向きは戦略問題とされたが、四ヵ月後に迫った選挙向けだったことは間違いない。ハワイ行きに陸軍参謀総長ら軍事アドバイザーは同行せず、マッカーサーと太平洋艦隊司令長官、チェスター・ニミッツという国民に特に人気の高い前線の将軍、提督と会談し、写真に納まることが主な目的だったからだ。

だが、二十六日から二十八日にかけて開かれた会議は単に選挙向けだけにとどまらなかった。

その年の春、米統合参謀本部はニミッツらが主張する〝飛び石作戦〟に強く傾いていた。まずマリアナ諸島とパラオを奪取し、そこから日本本土への戦略爆撃をスタートさせ、さらに台湾と中国沿岸部に進出して爆撃を強化するというものだ。

これはマッカーサーが約束したフィリピン奪還を完全に無視するものであり、マッカーサーは焦っていた。マニラへの個人的な思い入れだけでなく、太平洋の表舞台から去ることは、国民の記憶から消え去ることを意味したからだ。

ところが、ルーズベルトは三日間の会議を終え、マッカーサーをオーストラリアに送り返した二十九日、突然、「フィリピンを取り戻すことを決めた。もちろんマッカーサー将軍が作戦を指揮する」と発表したのである。

ルーズベルトはそれ以降、マッカーサー批判を控えるようになり、一転して賛美に切り替える。一方、マッカーサーも「マニラ奪還のセレモニーにはわが友、フランクリン（ルーズベルト）が参加するだろう」と、エールを送っている。

レイテ島に上陸するダグラス・マッカーサー

ルーズベルトがなぜマッカーサーに助け舟を出したのか。極東専門の歴史家、シャラーは「ルーズベルト批判をやめるとともに投票日直前に必ず素晴らしいニュースを届けるとマッカーサーが約束したためだ」と推測している。

マッカーサーは四四年十月二十日、公約通りフィリピン奪還を遂げてレイテ島に上陸したとき、まだ戦闘が続いているのに早々と制圧を宣言した。いぶかる記者団に対し「選挙が間近だ。フィリピンは一面を飾らなければならない」と述べた。

極刑判決——法的手続きを装う復讐だった

米南西太平洋方面軍司令官、マッカーサーはマニラ帰還を果たして十二日後の一九四五年（昭和二十年）二月十七日、マラカニアン宮殿（大統領府）で戦勝スピーチをするうち、感極まって泣き出している。フィリピン撤退の際「アイ・シャル・リターン（必ず戻ってくる）」と言い切った米国きっての勇将も、「さまざまな思いが一度に浮かび、肉体的にも精神的にも緊張の糸が切れてしまった」のである。

だが、「将軍の涙」という感動的な場面で記憶されたこの演説は実は、真珠湾攻撃に続く日本軍の猛攻で屈辱の撤退を余儀なくされたマッカーサーがいかに復讐にとらわれていたかを示す結果にもなった。

「私がこの美しい街から撤退してすでに三年が過ぎようとしている。その間の苦闘と犠牲、さらに辛さは筆舌に尽くしがたい。撤退の際、戦争のルールに従ってマニラを日本軍に）無抵抗で明け渡した。無用な破壊から守るためだった。だが、敵はそうはしなかった。その絶望的な反抗でマニラは不必要な破壊にさらされたのである。敵は

自らの運命でそれをあがなわなければならない」（マッカーサー著『回想』＊Ⅴ—21）

マッカーサーが勝利記念スピーチにわざわざマニラ破壊への怒りと〝罪のあがない〟を含めたのにはわけがあった。

マッカーサーの父、アーサーはフィリピン軍政総督を務めたことがあり、マッカーサーはそれを継ぐように一九三五年、軍司令官に就任している。しかも最愛の母をこの地で亡くし、二番目の妻、ジーンとの間に長男が生まれたのもマニラだった。

米第三十七師団がようやくマニラに迫り、いよいよ市中に突入することになった際、マッカーサー自らが先頭を切ったのはそうした過去への思い入れが強かったからだ。

その日、マッカーサーは護衛兵を従えてわき目も振らずにかつて暮らしたマニラホテル最上階のペントハウスへと突き進んでいる。

だが、マニラホテルは日本軍の拠点となっており激しい市街戦となった。一階ごとに銃撃戦を繰り広げて最上階に到達したとき、懐かしのペントハウスには日本軍大佐の射殺体があるだけで、家財はすでに焼け落ちた後だった。

硝煙がまだにおう拳銃を手にした米軍将校が将軍の姿に気づき「ようこそ、チーフ」と声をかけたが、マッカーサーは過去の記録がすべて灰になったことに怒りで身を震わせている。

《ウィリアム・マンチェスター著『アメリカンシーザー』と『回想』にマニラホテル突入が詳しい。ペントハウスには明治天皇から父、アーサーに贈られた壺などもあった》

この激しい怒りが果たして〝罪のあがない〟を求める復讐心を生んだのかどうか。少なくともフィリピン方面軍司令官、山下奉文大将らに対する極刑判決はそうした怒りを十分に感じさせるものとなった。

『米海軍作戦史』を編纂した海軍大佐、ロジャー・ピーノウは上司のサミュエル・モリソン提督とともに戦後、東京の第一生命ビル最上階のマッカーサーを訪ね、二時間半にわたったインタビューの過程で「（マニラの）戦争犯罪裁判についてどうお考えですか」と水を向けている。マッカーサーは一瞬、黙り込んだあと、自慢のコーンパイプを手に窓の向こうの富士山を見つめながら、「よくぞ聞いてくださった」としみじみとした調子で応じている。

「彼ら（日本の戦犯たち）は本当は悪い奴らではなかった。長い軍歴の過程で難しい場面に遭遇することは多いが、戦場で対決したあの男（山下）に判決（絞首刑）を下すほど嫌なことはなかった。吐き気がするほどだった。だが、幸い私は胃が丈夫なのでね……」

苦渋に満ちたマッカーサーの告白を聞いてピーノウは感動している。だが、その夜、ピーノウは山下の弁護人だった陸軍大尉、フランク・リールが書いた『山下将軍の裁判』を読みふけり、今度は激しい怒りで眠れない一夜を過ごしている。

リールによれば、四五年十月二十九日に始まった裁判はわずか三十五日で審議を終え、その間に四千ページに及ぶ陳述書と四百二十三点もの証拠物件が提示されたにもかかわらず、判決は四十六時間後に下された。まるで結果が決まっているかのような判決は明らかに意図的だった。

調査で来日した際のロジャー・ピーノウ（左）＝一九五二年

判決日の四五年十二月八日（フィリピン時間）は、日本の真珠湾攻撃四周年にピタリと照準を合わせており、山下はその日午後二時ちょうどに死刑を言い渡されたのである。

リールらはこうした不当な裁判に義憤を抱き、米最高裁に判断を仰ぐという異例の対抗手段をとっている。十人の最高裁判事は翌年二月四日、「裁判手続きは適正を欠いたものだ」という点では一致しながらも「（軍事法廷に）介入する権限がない」との判断を出し、結局は判決を覆すには至らなかった。

だが、あまりにも露骨な復讐心にフランク・マーフィー判事ら二人は次のような指摘を付帯した。

「法的手続きの体裁をとって敵に向けられた復讐は、残虐な行為よりはるかに大きな禍根を残すだろう」

一方、四六年二月二十三日午前三時、死刑執行された山下は直前に次のような告別の辞を残した。

「日本軍司令官として最善を尽くした。マニラの法廷で陳述したように何ら恥じることはない。（一部日本軍の蛮行について）制御する能力に欠けていたというなら、何も言うべきことはない。弁護してくれたリール大尉らに感謝の言葉を伝えてほしい」
（『山下将軍の裁判』＊V―22）

似た者同士――占領政策とニューディール

マニラ入城を果たした米南西太平洋方面軍司令官、マッカーサーは、今度は最後のターゲットとなる日本上陸作戦を誰が指揮するのかに気をもみ始める。太平洋艦隊司令長官、ニミッツは数々の海戦で勝利して日本海軍をほぼ壊滅させ、さらに爆撃隊と緊密に連携しながら日本を直接、脅かしていたからだ。

マッカーサーにはフィリピン奪還後、オランダ領東インド（現インドネシア）への転戦ぐらいしか展望がなかった。マッカーサーがそのことをどれほど気にしていたかを方面軍司令官の一人、ジョージ・アイケルバーガー将軍が一九四五年三月四日、妻に書き送っている。

「将軍（マッカーサー）は、例の大問題（日本侵攻軍の指揮官決定）がまだ決まっていないことをわざわざ指摘した。多分ここ数日中に統合参謀本部で決定するだろうとのことだ」

だが、それから二週間たっても何の連絡もなく、代わりに南西方面航空隊司令官、ジョージ・ケニーから思わぬ朗報をもたらされる。

ケニーは陸軍省への報告でワシントンに戻った際、三月二十日にホワイトハウスのルーズベルトを訪ねていた。ヤルタの米英ソ首脳会談を終えた直後のルーズベルトは見るからに衰弱しており、この時は体を動かすのさえ億劫《おっくう》そうだったが、何とか笑みを返しながらこう話した。

「ところでダグラスに伝えてほしいのだが、フィリピンの北で間もなく大仕事が待ってるとな」

ケニーは司令部に戻ると早速、「噂ではあなたが日本上陸を指揮するかもしれない」と伝えると、マッカーサーは「まさか。私が聞いているところではニミッツだ。わたしは南だ」と応じながら「それにしても噂の根拠は何なんだ」と、聞き返している。

これに対しケニーが「フランクリン・デラノ・ルーズベルトという男だ」と答えると、マッカーサーはあまりのうれしさにこらえられないかのような笑みを浮かべた

（ケニー著『ジョージ・ケニー報告』＊Ⅴ－23）。

こうして戦後日本に決定的な影響を与える連合国総司令部（ＧＨＱ）トップへの道がマッカーサーに開かれることになった。だが、それがルーズベルトの判断だったことに不満の声は強かった。

ルーズベルトの死後、大統領を継いだハリー・トルーマンは「彼を英雄だと思っているようだが、軍歴をみれば失敗ばかりだ。フィリピンに戻ることを許したのも戦略的に失敗だった。ルーズベルトが悪い」と、内務長官のハロルド・イッキーズに毒づいている。

ルーズベルトと「マッカーサー研究で知られるジャーナリスト、ジョン・ガンサーは「マッカーサーマッカーサーの信奉者たちは必ずといってよいほどルーズベルト嫌いだった。そしての逆も真だった」と、二人が実は米国の対立する勢力をそれぞれが代表していたことを指摘している。にもかかわらず、ルーズベルトがマッカーサーを肝心な場面で助け、登用してきた背景について、次のようなエピソードを紹介している。

四四年七月下旬、ハワイでルーズベルトがマッカーサー、ニミッツの二人と会談した時のことだ。この頃、太平洋方面ではニミッツらが主導権を握っており、このまま

日本国憲法発布の日、GHQ本部のあった第一生命ビルを出るマッカーサーとその側近＝一九四六年十一月三日

だと、マッカーサーが主張するフィリピン奪還はあきらめなければならない。

　ところが、ルーズベルトは会談最終日、「ダグラス、あんたの勝ちだ」と、フィリピン奪還に軍配を上げた。会談後、ルーズベルトはマッカーサーとオアフ島をドライブしながら親交を深めている。大統領は切々と訴えるような調子で昔話に花を咲かせ、マッカーサーはその時の様子から大統領に死期が迫っていると直感した（ガンサー著『マッカーサーの謎』）。

　二人が初めて出会ったのは第一次大戦の時だった。ルーズベルトは三十五歳の若き海軍次官補、マッカーサー少佐は三十七歳の陸軍参謀だった。二人はすぐにファーストネームで呼び合う仲になり、ルーズベルトは以来、マッカーサーを高く評価していた。

　ガンサーによれば、二人は似た者同士だった。二人とも米東部の裕福な家庭に育ち、性格の強い母親の期待を一身に背負ってきた。マッカーサーがウエストポイント陸軍士官学校をトップの成績で卒業したのに対しルーズベルトはハーバード大学を三年で修了している。

どちらかというと〝独裁的〟なところまでが似ていた二人がこうして真珠湾で八年ぶりに再会し、マッカーサーが「(手っ取り早い勝利を目指し) フィリピンを見捨てれば、米国は二度とアジアに覇権を問えなくなる」と説得したのに対し、大統領は心を揺さぶられた。軍事的戦略よりも、戦後を見据えた洞察力にルーズベルトは共感したのだろう。

マッカーサーは米保守層を代表し、ルーズベルトのニューディールを批判してやまなかった。だが、GHQ総司令官として来日すると、平和憲法制定、財閥解体など過激なほどの民主化を推進した。その数々の政策の根底に初期ニューディール精神をかぎ取る米歴史家は今も多い。

ボルティモア・ペーパーズ――日本関連ばかりがソ連に流出

ソ連スパイ網からの離脱を決意したジャーナリスト、ウィタカー・チェンバーズは一九三八年(昭和十三年)十一月下旬、最も重要な情報源の一人だった米財務省高官、ハリー・デクスター・ホワイトをひっそりと訪ねている。警告を与えるためだ。チェンバーズは最初、財務省オフィスに直接行くつもりだったが、入り口の警備員の姿を見て、「本名を告げてもホワイトは会わないだろう」と考え、近くのドラッグストアから電話した。

電話口のホワイトは、チェンバーズの暗号名である「カール」の名前を聞くと、何の疑問も抱かずにすぐに降りてくる。そしてソーダショップの椅子に座ると、にこにこ顔で「今日は現場の視察かな?」と、話しかけている。

だが、チェンバーズが顔色一つ変えずに「いや、視察に来たわけでも何でもない。(共産)党を離れる。組織(スパイ網)とも縁を切る。あんたも辞めたほうがよい。そうでなければ、あんたを告発するつもりだ」と答えると、ホワイトは一瞬、凍りついたような表情になり、テーブルのコーヒーに覆いかぶさるようにしてうつむき、そのまま何も言わなかった(チエンバーズ著『証言』*V-24)。

チェンバーズは翌年九月、意を決して国務次官補、エイドルフ・バーリーに米政府内に張り巡らされたソ連スパイ網の存在を暴露した際、結局、ホワイトについては触れなかった。すでにスパイ網を離脱していると確信していたからだ。だが、その後、ホワイトが再び活動していることを知ったチェンバーズは米連邦捜査局(FBI)に名前を告げ、さらに証拠として一九四八年には「ボルティモア・ペーパーズ」を弁護士を通じて提出した。

《チェンバーズによると、ソ連側の復讐から身を守る証拠書類や文書を数ヵ所に隠したが、「ボルティモア・ペーパーズ」は妻の甥《おい》のアパートのエレベーターシャフトに隠していた。書類の束は厚さ二センチあった》

チェンバーズの「ボルティモア・ペーパーズ」は、ホワイト疑惑を考えるうえで貴重な資料を提供することになった。資料のなかには「ホワイト・メモランダム」と名付けられた手書きの報告書があり、それがホワイトとスパイ網とを結びつける直接の証拠となっただけでなく、その後、奇妙な点が浮上したからだ。

ホワイト疑惑を十年以上にわたって調査してきた歴史家、ブルース・クレイグによると、黄色いフルスキャップ用紙四枚の裏表にホワイトが鉛筆書きしたメモランダムには日本に関連した情報ばかりが書かれていたのである。

例えば一枚目表側（三八年一月十九日付）には、前年十二月に起きたパネー号事件に関連して英国が日本ボイコットにどう対応するかについて書かれ、その裏側では日本の銀行システムが詳細に分析されていた。また、二月十五日付の最後のページでは満州国工業化のため日本が米国に借款要請をにおわせていることなどが報告されている。

チェンバーズは二週間に一回の割合でこうした報告をホワイトから受け取っていたそうだが、目を引くのは当時、財務省で金融専門家として知られたホワイトがなぜ、ソ連向けに日本関連情報ばかりを流していたか、だろう。

《メモランダムはチェンバーズがスパイ網離脱を決意する三八年初めにホワイトから受け取った。クレイグが一九九九年、アメリカン大学大学院に提出した約六百ページの論文「背信への疑問――ハリー・デクスター・ホワイト」にその内容が詳しい。クレイグはニューヨークの検察官事務局に保存されていたオリジナル資料を発見し、調査した》

ワシントンのソ連スパイ網の中でチェンバーズが「最も信頼できる情報源」と評価したホワイトが日本情報を特に流したのにはわけがあった。一九三七年七月に日中戦争が起きて以来、ソ連の関心はこの戦争を長びかせるとともに、日本を脅威とみなしている米国をいかに抑止力として活用するかにあったからだ。

冷戦後の一九九五年、ソ連元KGB工作員、ビターリ・グリゴリエッチ・パブロフがモスクワの雑誌に発表し、翌年、加筆して本として出版した「スノー（雪）作戦」は、そうしたソ連側の考え方を明確にしている。

「一九三〇年代前半、（日本の侵略計画）田中メモリアルによって米国で激しい反日感情が高まったが、米国は以来、日本を極東の脅威とみている。（中略）十月革命（ロシア革命）のとき、日本はシベリアを侵略したが、米国の警告によって失敗に終わった。再びソ連を攻撃しようとした場合、（米国を使って）日本を抑えられないだろうか」

パブロフは米国内情報網を担当するイサク・アフメーロフとともに「ソ連の国益は日本の判断を複雑にすることにあり、北方（シベリア）への膨張を阻止することだ」と結論づけ、財務長官、モーゲンソーの側近だったホワイトに白羽の矢を立てた。ホワイトの名前からイメージして雪と名付けられた「スノー作戦」はこうしてスタートしたのである。

四一年十一月二十六日、日本の駐米大使に手渡されたハル・ノートはそのあまりに厳しい内容から日本の真珠湾攻撃への直接の引き金になったといわれてきた。パブロフはこのハル・ノートこそが作戦の成果であり、「おおむね満足する結果だった」と書き、大きな波紋を広げたのである。

対日謀略——ハル・ノートがその成果だった

ソ連の元KGB工作員、ビターリ・パブロフが「今だから明かせる」と公開した秘密工作「スノー（雪）作戦」は、米財務長官、モーゲンソーの側近、ハリー・ホワイトを通じて米国の対日政策に影響を与えるという国際的な謀略だった。しかも、パブロフは「作戦は見事に成功し、日本に突きつけられた厳しい対日要求、ハル・ノートがその成果だった」と述べたのである。

パブロフの上司で、米国内情報網責任者だったイサク・アフメーロフの協力を得てパブロフがホワイトに接触を試みたのは一九四一年（昭和十六年）五月下旬だった。パブロフはホワイトが事務所にいる時間を見計らって午前九時五十分、公衆電話から連絡を取り、アフメーロフの通称名「ビル・グレインキ」の名前を使ってホワイトを昼食に誘い出している。

ワシントン市内のレストランを指定してホワイトを待つパブロフは、テーブルに目印の雑誌「ニューヨーカー」を置き、入り口から目を離さなかった。一見、学者風のホワイトは時間通りにやってきた。

「中国にいるビルがどうしてもあなたに伝言してほしいといったので……」

説明を制止するようにホワイトが何度も頷くのを見て、パブロフは「日米関係の問題で苦労している。アジアにおける日本の侵略に強い懸念を抱いているからだ」と言って、アフメーロフが書いた一枚の紙切れをテーブル越しに差し出した。

ホワイトはそれをじっくり読んだあと紙切れを戻し「了解した。実はビルと私の考えは奇妙なほど符合している。その方向で努力するつもりだ」と確約した（パブロフ著『スノー作戦』）。

ホワイトがこの紙切れから得たアイデアは具体的には同年六月六日に結実している。その日、モーゲンソーに手渡されたホワイト案は米国の日本、ロシア外交をまとめたもので、実に画期的なものだった。「古い外交にとらわれてはならない」とするホワイトは、国務省の伝統的な外交を強く非難したあと、日中戦争と不況で経済困難に陥っている日本に巨額の経済支援を約束し、その見返りに中国からの撤退などを求め、さらには日本の軍需産業の破綻を心配して、武器弾薬の買い取りまでを提案していた。

つまりこの時のホワイトは、経済支援を梃子《てこ》にして日本の脅威を取り除くことを重視しており、それによって米国はドイツとの対決に専念できると主張したわけだ。

この案は明らかにパブロフとの密会によって生まれたものだった。日本の脅威を米国の経済力で無力化し、日本軍を満州や中国から撤去させるというのは、まさにソ連の狙いでもあったからだ。パブロフは「ホワイトがモーゲンソーに渡した提案を検討するチャンスを得たが、ビル（アフメーロフ）の紙切れ（指示）が効力を発揮したことがわかった」と、工作の成果を誇っている（『スノー作戦』）。

問題は、モーゲンソーがこのとき、ホワイト案に興味を示さなかったことだ。ホワイト案が若干の修正を施されて再浮上するのは何と五ヵ月後の十一月十七日。日米交渉が暗礁に乗り上げる直前であり、日本との開戦を避けるには米国が何らかの暫定案を提示し、一時的にも緊張をほぐす必要が出た時だった。

ホワイトを通じてモーゲンソーを動かし、さらに大統領のルーズベルトに影響を与えるというアフメーロフとパブロフの思惑はその意味で見事にはずれ、「スノー作戦」は少なくとも五ヵ月間は静止状態だった。しかもその間、独ソ戦が始まり、アフメーロフが心配した日本のシベリア侵略の恐れはむしろ増していた。

この空白の五ヵ月間、アフメーロフらはホワイトに紙切れを見せただけで満足し、後はホワイトの次の行動を見守っていたのだろうか。

パブロフは自著『スノー作戦』で、内務人民委員部（NKVD＝KGBの前身）トップのラブレンティ・ベリヤに許可を得るなど「スノー作戦」が単なる思いつきで始まった謀略ではなかったことをさりげなく書いている。また、パブロフがホワイトに接触しただけなのに上司やアフメーロフから「よくやった。成功だ」と肩を叩かれ、ベリヤからは「作戦の記録はすべて抹消し、一切を極秘とする」と命令されたとも書いている。つまり、作戦がNKVD挙げての重要な謀略だったことをにおわせたわけだ。

米財務次官補時代のハリー・デクスター・ホワイト

だが、パブロフはその一方で「ホワイトはソ連のエージェント（スパイ）ではなく、ソ連の政策に理解のある高官だった。彼を通じて米国に影響を与えることができると考えた」と、まるで単なる政府高官への働きかけだったという矛盾した説明もあわせて繰り返したのである。

ホワイト疑惑を十年以上も追及してきた歴史研究家、ブルース・クレイグはパブロフに二度にわたってインタビューし、その矛盾について聞いている。

「パブロフは引退したとはいえKGBと強いつながりがある。かつてのエージェントの名前を明かすわけにはいかない。さらに三九年から四一年頃までを特定して〝（ホワイトが）エージェントという関係をわれわれと保たなかった〟という微妙な言い方をしたのもその辺に配慮したためだろう」

それでは、それほど極秘だった「スノー作戦」をなぜ、暴露したかについては、「ソ連崩壊後、急速に存在価値をなくしたKGB組織の業績をロシア国民に訴える必要があったのでは……」と、クレイグは推測している。

ホワイト案――経済力で日本を非武装化する

チェンバーズが一九三八年春にソ連スパイ網からの離脱を決意した直後、ワシントンの米連邦政府内に張り巡らされたソ連情報網は活動停止の状態に陥る。チェンバーズの告発を恐れたからだが、情報網を担当していた内務人民委員部（NKVD＝KG

Bの前身）非合法駐在員、アフメーロフが危険を察してすぐに中国経由でモスクワに逃げ帰ったのもそのためだった。

だが、実際にはチェンバーズの訴えは米連邦捜査局（ＦＢＩ）に取り合ってもらえず、情報網が摘発されたわけでなく、単に活動を停止しただけだった。

「スノー作戦」をモスクワの雑誌で九五年に暴露したパブロフが「ホワイトはソ連のエージェントではなかった」としながらも、「三九年から四一年頃」という特定の期間をわざわざ示したのは、「その頃、ホワイトとソ連工作員の直接の接触が途絶えていたという意味ではないか」と、米歴史研究家のブルース・クレイグは推測している。

クレイグはチェンバーズが米法廷に提出した「ボルティモア・ペーパーズ」の中からホワイト直筆の報告書をニューヨークの検察局事務局で発見しており、「ホワイトが少なくとも一九三八年初頭にはエージェントだった」と断定している。

「スノー作戦」で英語もできないパブロフが選ばれ、慌てて語学訓練が施されたのは、アフメーロフの米国帰任が危険視されていたためだろう。アフメーロフは「ビル・グレインキ」や「マイケル・グリーン」などの通称名を使っても疑われないほど英語が完璧だった。

こうした状況を検討すればするほど「スノー作戦」はトップエージェントを使ったソ連の国際謀略という図式が浮かんでくる。

だが、パブロフが言うように作戦は果たして成功したのだろうか。パブロフは雑誌に発表した「スノー作戦を語る時が来た」で、密会の場面を次のように書いている。

「ビル（アフメーロフ）のメモ書きを読んでくれるようにとテーブル越しに手渡すと、ホワイトは〝できる限りのことをする〟と確約し、さらにメモを胸ポケットに入れようとした。私はとっさにそれを制止すると、ホワイトはメモを私に返した」

パブロフがとっさにメモを取り戻したのは物的証拠を恐れる優秀な工作員らしい配慮といえる。パブロフはこのほか米捜査員の尾行を警戒した時の様子なども書いているが、肝心のメモ書きについてはこの場面以外で触れようとしなかった。メモに何が書いてあったのか。結局のところ、ホワイトのその後の行動をたどるしかない。

ホワイトはパブロフとの密会直後の四一年六月六日、上司の財務長官、モーゲンソーに財務省とは本来関係ない日本とソ連についての外交案を提出している。多分これがメモの指示に応じた最初の行動だろう。

だが、モーゲンソーはこの頃、国務省の所管である外交に口出しする余裕はなかった。さらに同月二十二日には独ソ戦が勃発《ぼっぱつ》し、ソ連関係の部分が意味をなさなくなっており、提案全文はモーゲンソーの手元でストップしたのである（デービッド・リーズ著『ハリー・デクスター・ホワイト』）。

二度目の行動は、日米交渉がいよいよ大詰めに入った十一月十八日のことだ。今度は日本の問題にだけ絞り込んだもので、モーゲンソーは即座に大統領、ルーズベルトに強い推薦とともにこれを見せている。

米側譲歩と日本への要求を並べた提案は、日本の非武装化を経済支援で達成しようという非常にユニークなものだった。

例えば、日本に対し二十億ドルの低金利（二％）借款を認め、しかも貿易における最恵国待遇さえ与えることを約束しており、その見返りに、日本は仏領インドシナ（現ベトナムなど）および中国、満州から撤退しなければならない。

さらに日本の海軍艦船を中心に軍備の四分の三までを米国に売り払わなければならないとしており、米国は市場の二割増し価格で買い取ることを提案している。

ホワイトは最後に「（平和的な）解決はこれ以外になく、日本が受け入れないなら、

（戦争）準備を強めなければならない」とし、中途半端な妥協が許されないことを強調するアドバイスを付け加えていた。

「幾つかの重要不可欠な譲歩を（日本から）得られないならば提案は成立しない。将来、日本が再び脅威となるからだ。最小限必要なものとは日本が中国大陸から完全撤退し、軍備をわれわれに売り渡すことだ。そうでない限り単なる宥和に陥ってしまうだろう」

《ホワイト案は国務省外交関係文書（一九四一年第四巻）に掲載されたものを参考にした》＊V－25

日本の非武装というホワイトの狙いは、皮肉なことに戦後日本と二重写しになった。ホワイトは経済支援によってそれを達成しようとしたが、日本は戦争の道を選び、敗戦で武装解除され、経済立国の道を歩まざるをえなかったからだ。

いずれにせよ、ホワイトが示した日本非武装案は、極東における脅威（日本）を排除するというソ連の狙いに合致した。また、極東における日本封じ込めを重視する大統領、ルーズベルトにも強くアピールした。

ハル・ノート採用――もう大丈夫、満足できる結果だ

財務省高官、ハリー・デクスター・ホワイトが提示した解決案は、その後の日米交渉に大きな影響を与えることになる。ドイツとの戦争を用意していた米国は、日本の扱いに苦慮していた。不利な二正面対決を承知で日本と衝突するのか、それとも対決を先延ばしにすべきか。武力を使わず経済力で日本を無力化することを提唱したホワイト案は、そうしたジレンマを根本的に解決する可能性を秘めていたからだ。

だが、ホワイト案は日本が受け入れない場合は武力によって日本を無力化するという「二つに一つ」といった非妥協的な性格もはらんでいた。ルーズベルトもその点には気づいており、国務省にホワイト案の検討を指示すると同時に、「一時的なガス抜き」ともいえる妥協提案（暫定案）づくりも指示していた。

ルーズベルトはこの暫定案に絡んで国務長官、ハルに次のような鉛筆書きの指示書を送りつけている。

「日本がインドシナだけでなく満州とソ連の国境や南アジアにこれ以上、軍を派遣しないことを条件に石油禁輸の一部を解除する。もし、米国がドイツに開戦することが

あっても、日本は三国同盟を理由に参戦しない。代わりに米国は日本を中国に〝紹介〟する労をとる」(外交関係文書第四巻＊V―26)

ホワイトが提示した根本的な解決案と、ルーズベルトが示した暫定案はこうして同時並行の形で国務省で検討が重ねられる。「それは米外交史上、最もエキサイティングな時だった」(ジョナサン・アトリー著『対日戦争へ』)というように、国務省では連日、ぎりぎりの検討が続けられた。

例えば、国務省専門家たちはホワイト案の柱だった「米国の経済力で日本問題を解決する」という視点に強くこだわっている。国務省極東部は国務長官、ハルに対し次のような提案をしている。

A案「日本は、北樺太(ソ連の同意必要)、トンキン湾地域(フランス領＝現ベトナム)、ニューギニアのいずれか、あるいはすべてを購入する権利を有する。購入費用は米側が立て替えるが、返済は、日本が商船や軍艦を米国に売却することでまかなう」

B案「日米中の三国で次のような取り決めを行なう。日本は満州を中国から購入することに合意すれば、その資金を米側が提供する。その際、日本は中国からの全面

撤退に応じる。満州購入資金は日本の艦船売却代金によってまかなう」（一九四一年国務省外交関係文書第四巻＊V-27）

日本が満州事変を起こして日中戦争を始め、石油資源のあるオランダ領東インド（現インドネシア）にまで膨張しようとするのは、世界不況で経済的に追い詰められたためという認識が、提案の根底にある。多額の借款を認めて経済支援すれば元凶を絶つことができるというわけだ。

だが、陸海軍省は軍事的な立場から経済力による日本の軍備削減という考え方に強い疑問を呈している。海軍作戦部長、ハロルド・スタークは国務長官あてアドバイスにこう書いている。

「私は日本がそのような屈辱的な申し入れに応じるとは思えない。とりわけ海軍艦船の売却には応じないだろうから、その点を省くべきだ。むしろ商船の購入を強調するのがいいだろう。また、日本の三国同盟離脱については明確に文書にすべきだ」

ほぼ一週間の検討期間を終えて一九四一年（昭和十六年）十一月二十五日朝、ハルの執務机に積まれた最終提案は結果としてホワイト案とルーズベルトの暫定案を並立

国務長官のコーデル・ハル

させたものになった。暫定案と呼ばれる第一分冊は、ルーズベルトの指示をほぼ受け継いでいる。仏領インドシナ（現ベトナムなど）に二万五千人を残し、撤退するという条件は、「これ以上派兵しなければ」という大統領の譲歩案よりは厳しい内容になったが、基本的には一時的合意を目指したものだったからだ。

一方、将来の合意を目指すはずの基礎案と呼ばれた第二分冊のほうは、ホワイト案を踏襲した。十項目の要求事項からは「経済支援による日本の軍備削減」というユニークなアイデアは削除されたが、中国、仏領インドシナからの全面撤退など八項目までがホワイト案を採用しており、ホワイト案の持つ非妥協的な面はすべて受け継がれた。

だが、とりあえずの交渉継続を保証するはずだった暫定案はぎりぎりの段階でなぜか大統領自身の指示で放棄されてしまった。その経緯については第五部（三～五話）ですでにみてきた通りだが、とにかく結果として基礎案だけが提示され、後にハル・ノートと呼ばれる十項目の要求は日本に対する最後通告のような役割を果したのである。

「スノー作戦」の元KGB工作員、ビターリ・パブロフが「米国の対日政策への影響力行使は成功に終わった」と自著で書いたのは、結局のところ、ホワイト案を下敷きに作られたハル・ノートを指していたのだろう。

ちなみにホワイトは直前の暫定案採用の可能性に大いに慌てている。まずモーゲンソーを説得し、「暫定案が採用されれば長官を辞任する覚悟」という大統領への直訴状を書き上げ、さらには太平洋問題調査会（IPR）事務局長、エドワード・カーターには「すぐにワシントンに来てくれ」と至急電を打ち、暫定案阻止のロビー活動を懇請していた。

ハル・ノートが採用されたことを知ったホワイトは直訴状を送るのを中止し、カーターには「もう大丈夫。満足できる結果となった」と語っている（デービッド・リーズ著『ハリー・デクスター・ホワイト』＊V－28）。

最期の晩餐――「わたしは大統領を辞めたい」

真珠湾攻撃への直接の引き金になった「ハル・ノート」は、国務長官、ハルにとって実に皮肉な呼び名となった。ハル・ノートを駐米大使、野村吉三郎らに渡した際、野村が「暫定案はどうなったのか」と食い下がったのにハルは取り合おうとせず、その非妥協的な対応と原則的な要求が重なり、ハルのイメージは日本において災厄の響きを持つようになったからだ。

だが、ハル自身は日米交渉継続に実は最後までこだわったのである。暫定案について英国、中国、オランダ大使らにはあれほど懇切丁寧に説明したハルは、ハル・ノートについてほとんど関心を示さなかった。ハル・ノートが手渡された翌日、英国駐米大使、ロード・ハリファクスが国務省を訪れているが、ハルは「一般的なもの」としか説明せず、書類を見せようともしなかった（ジョナサン・アトリー著『対日戦争へ』＊V―29）。

しかもハル・ノートが財務省高官、リー・ホワイトの提案を下敷きにしていたことを考えた場合、ホワイト案を国務省に持ち込んだ財務長官、モーゲンソーの名前を取って「モーゲンソー・ノート」とでもすべきだろう。

大統領、ルーズベルトは国内政治を重視したニューディール時代が過ぎると、外交に重要性を見いだすようになる。ナチス・ドイツの台頭で戦争準備へと突っ走ることになったからだ。そして同時にモーゲンソーはこの頃から「第二の国務長官」と陰で呼ばれるようになっている。ハルはその越権行為について『回顧録』の中で苦々しく書いている。

「財務長官（モーゲンソー）は閣僚としては私の下なのに、まるでそれ以上のように振る舞い、外交分野にまで口出しする。ハリー・ホワイトという有能な官僚が指導する財務省は組織として優れているが、知りもせぬ外交分野に乗り出すことが多々ある。時には外国政府との交渉にまで乗り出す始末だ」

また、ハルは暫定案とハル・ノートが同時に作成された時の経緯についても触れている。

「暫定案に付帯させる十項目提案（ハル・ノート）について検討を重ねていると、モーゲンソー長官は財務省で作成したという草案（ホワイト案）を送ってきた。これこそ財務長官が第二国務長官たろうとする証拠なのだが、持ってきた草案には見るべきものが幾つかあったので最終案に採用した」（『回顧録』＊V-30）

フランクリン・ルーズベルト(左)とヘンリー・モーゲンソー(中央)＝一九四四年一月六日

これは国務省が作成した十項目提案に財務省のホワイト案が採用されていたことへのハル自身の貴重な言及なのだが、逆に財務省の干渉をあれほど嫌ったハルが、それを受け入れざるをえないほど大統領の強い要請があったことをも裏付けていた。

モーゲンソーはルーズベルトの忠実な部下であるとともに極めて親しい友人だった。一八九一年、ニューヨークの裕福な家庭に生まれたモーゲンソーは農本主義者として活躍するうち、自宅が近いルーズベルトと親しくなる。ニューヨーク州知事時代のルーズベルトを補佐し、三四年には財務長官となるが、在任中の十二年間に扱った予算総額は三千七百億ドルにものぼった。これはモーゲンソーの前任者五十人全員が扱った予算総額の三倍にも相当する巨額なものだった。

大恐慌から戦争へと至る危機の時代にあって米国がグローバルパワーへと変身する背景にこの巨額の資金運用があったのは間違いない。ルーズベルトは忠実なモーゲンソーを通じて米国の舵を取っていた。モーゲンソーの「第二の国務長官」という役割もまた、そうした大統領の意図を感じさせる。

歴史家、ロバート・ファレルは自著『米外交』で「第二次大戦によって米国益は全世界に広がり、必然的に大統領に最終決断が集中した」とし、第三十七代大統領、リチャード・ニクソンが補佐官のヘンリー・キッシンジャーを通じて米中国交を決断したのもその延長線にあると結論づけている。その意味でルーズベルトは大統領直接外交の草分けだったわけで、モーゲンソーはキッシンジャーの役割を時折、演じていたことになる。

問題はモーゲンソーがキッシンジャーのような戦略家でも外交専門家でもなかったことだ。ルーズベルトは対ソ連外交ではハリー・ホプキンズやアバレル・ハリマンら門外漢を個人代表にしており、結局は忠実な代理を通して自らの外交を実現しようとしていたことがみてとれる。実際、モーゲンソーについてルーズベルトは「とにかく忠実に私の言う通りした」（ジム・ファーリー）と評価している。

一九四五年（昭和二十年）四月十一日夕、モーゲンソーは大統領の急な呼び出しを受け、ジョージア州ウォームスプリングズの〝小さなホワイトハウス〟を訪ねている。そしてその玄関まで出迎えた車椅子姿の大統領にモーゲンソーはドキリとしている。

急激な老け込みぶりに「身の毛もよだつ」ほど驚いている。

「大統領は子供時代に遊んだハイドパークの凍結したハドソン川の素晴らしい景色のことや、亡くなった友人のことばかりを話した。私を呼んだのは子供時代の思い出にふけりたかったためなのだろうか」(ジム・ビショップ著『FDRの最後の年』*V—31)

ルーズベルトは果たして死を予感していたのだろうか。翌日、脳出血で他界するルーズベルトが妻のエレノアでも息子たちでもなくモーゲンソーを〝最後の晩餐〟に招いたことは二人の絆《きずな》の強さを象徴している。そしてルーズベルトは死の直前、こうはっきりと告げたのである。

「私は大統領を辞めたい」。そう言って笑みを浮かべ、愛人のルーシー・ラザフォードに向かって静かに頷いたのだった。

あとがき――群雄の時代が持つ「魔性」

米国のスタッド・ターケルのベストセラー本『グッド・ウォー（良き戦争）』に次のような件《くだり》が出てくる。

「（第二次大戦の始まった）一九三九年がすべてを変えた。まるで二十世紀の錬金術のごとく嫌な時代を良い時代に作り替えてくれた。戦争は実に我らがパラケルスス（十六世紀初頭の錬金術師）だった」

世界中で三千五百万人以上の犠牲者を出した悲惨な戦争が米国では今も「グッド・ウォー」として記憶されている。そして戦争を指導した米第三十二代大統領、フランクリン・ルーズベルトは米国にとってまさに偉大な指導者だった。

だが、日本人のわれわれにとってこれほど複雑な思いを抱かせる人物はいない。父や母の世代が時折漏らす悲惨とその恨みということもあるが、それ以上にルーズベルトには釈然としない謎の部分があまりにも多いからだ。

ハーバート・フーバー大統領は晩年の一九六〇年代、自宅の書斎にこもり「裏切られた自由」という未完の大著を書き続けた。全四巻とも三巻ともいわれる大著は発刊されることもなく今もスタンフォード大学フーバー研究所の金庫に眠っているが、内容は日米戦争への懐疑だった。

フーバーは日本との戦争は避けられたと考えたのである。

八十歳台後半に入った老人が後任大統領の失政を問うため毎朝七時に机に向かい、一心不乱に書きつづる姿に側近はぞっとしたそうだが、この場面こそルーズベルトとその時代が持つ一種独特の魔性のようなものを感じさせる。

ルーズベルトをたどってみようという途方もない作業を考えたのは、老い先短いフーバーを執着させた魔性のようなものがこの時代にあると考えたからだ。

それを何とか二十一世紀を前に整理できないか。もちろん過去に起きたことを現代の価値で計ることなどできない。だが、情報公開と自由の国、アメリカである。少なくとも釈然としない部分をモザイクのようにはめ込むエピソードぐらいは見つけることができると考えたのである。

こうして一九九九年夏から始まった事前調べで産経新聞ワシントン支局に集められた関連の書籍は優に二百冊を超えた。ルーズベルト側近の回顧録などはすでに例外なく絶版になっており、図書館が放出するのを待って手に入れたものも多かった。また、ニューヨーク州にあるルーズベルト記念図書館、メリーランド州の米国立公文書館、カリフォルニア州のスタンフォード大学フーバー研究所などに足を運んでコピーした資料はいくつもの段ボール箱にぎっしり詰まるほどになった。

明治の元老、松方正義の六男、乙彦とルーズベルトとの交友やルーズベルトの日本に対する不信を決定づけた「百年計画」などのエピソードは、こうした骨の折れる文書探しから出てきたものだ。資料探しの段階でアリゾナ大学歴史学科教授、マイケル・シャラーらに出会えたことも幸運だった。彼の示唆がなければ、ルーズベルトが許可した「日本爆撃計画」の全容を網羅した当時の文書にたどり着くことはできなかっただろう。

もうひとつ、われわれを衝き動かしたのはルーズベルト政権に張り巡らされたソ連スパイ網の凄さだった。

一九九九年夏、ワシントンにある米議会図書館の冷房の効いた研究室でのことだ。ロシア語公文書がずらりと並ぶ書棚を背にジョン・ヘインズは、インタビューを終えて帰ろうとする私を制止するように突然、次のようなことを語った。

「ハリー・デクスター・ホワイトがソ連の指示でハル・ノート原案を作ったことはご存じだろうか。ルーズベルト大統領は対日戦争を早くから決定しており、ホワイトは導火線の役割を果たしただけなので、その役割は歴史的にはあまり意味がなかったとは思うが……」

最初、ヘインズが言おうとしていることが理解できなかった。ホワイトは戦後、ブレトンウッズ金融体制を確立し、日本の教科書にも出てくる著名な経済学者だ。そんな人物が、日本に対する最後通牒という忌まわしい記憶とともにあるハル・ノートとどうしても結びつかなかったからだ。

ヘインズはソ連コミンテルンと米共産党の関係を長年追いかけてきた歴史家だ。ソ連が消滅した一九九一年冬からモスクワを六度も訪れ、ほこりにまみれた資料の中からソ連KGB対外課報責任者の報告書を見つけ出し、それによって初めて、「最も知りたい情報は実は米国にある」と思い至っている。

一九九五年、米議会はヘインズの強い陳情を受け米国家安全保障局（NSA）の厚い壁に閉ざされたKGB暗号解読文「VENONA」の段階的公開を決議したが、これがルーズベルト政権内のソ連スパイたちの名前を次々と明らかにしたのである。ヘインズが私にハル・ノートに絡めて名指しした財務省高官、ホワイトはその一人だったわけだ。

われわれが今回、ルーズベルト、とりわけ日米開戦への経緯をこれまでとは違った視点で描くことができたとすれば、この「VENONA」を背景にしていたからだ。

それにしても、この時代は共産主義が勃興し、米国だけでなく世界中の知識人が理想に燃えた頃でもあった。ホワイトらソ連スパイのほぼすべてはそうした知識人だった。その一方で植民地主義や帝国主義が跋扈《ばっこ》し、国家間の勢力争いが最高潮に達した時でもあった。

そんな群雄の時代にルーズベルトは世界戦争によって新秩序を作り出そうとしたのである。それは民主主義の勝利といった図式で片づけられるようなものでなく、冷徹な国益と国益の衝突であり、ルーズベルトはそれを十分に意識していた。

連載は結局、五部百四回で終えたが、当時の一等書記官、寺崎英成についてのエピソードだけを特に本書に付け加えた。米海軍情報部は寺崎を日本スパイ網の中心人物と断じ、FBIは開戦まで寺崎を盗聴し、尾行し続けた。その監視記録は開戦前夜の日本大使館の様子を伝えるためにどうしても必要なものだった。だが、閲覧要請に対しFBIがようやく許可を出したのは一年後であり、二百四十ページの記録が手元に届いたのは不幸にも連載終了直後だった。

第一部でヤルタ会議とその戦後処理を追ったのは現代の日米関係、さらには日中関係までがルーズベルトと直結していることを確認するためである。また、最終部でハル・ノートの作成を扱ったのはパールハーバー（真珠湾）が今も日米関係のトラウマだからだ。

執筆は佐々木類と前田徹、資料調査はスコット・スチュアートが担当した。連載中、三人とも時に夢中になって我を忘れることが多く、老年のフーバー同様、調べれば調べるほど深みにはまるような一種独特の魔性を強く感じる時があった。

二〇〇〇年一一月、ワシントンで

前田　徹

文庫版補稿

「真珠湾」は米国の陰謀か

日本の真珠湾攻撃はフランクリン・ルーズベルト大統領によって巧妙に誘導された結果だとする「陰謀説」が話題を広げている。参戦に消極的な米国世論を戦争へと導くため日本に最初の一発を撃たせたというルーズベルト陰謀説は実は真珠湾攻撃直後から米国内でくすぶってきた。このもやもやを晴らし、陰謀の動かぬ証拠をつかんだという研究調査書『真珠湾の真実』（文藝春秋社）の著者、ロバート・スティネット氏との対論を通じ、九回にわたって真相を探る。

ワシントン　前田徹

ルーズベルトは知っていた?――状況証拠と「実証」の深い溝

一九四一年十二月七日（米国東部時間）の真珠湾攻撃から間をおかず、米太平洋艦隊が一瞬にして壊滅するような事態を招いた原因を探るロバーツ調査委員会が発足した。この背景には「何か変だ」という意識が米国内にあったことを示唆してもいる。

実際、日本の機動部隊がハワイ・オアフ島の真珠湾に向かうまでの日米交渉の過程、特に対日最後通牒《つうちょう》の役割を果たしたハル・ノートの作成経緯を調べれば調べるほど、ルーズベルト大統領が意図的に日本を追い詰めたのではないかと思わせるに十分な状況証拠を見いだすことができる。

だが、状況証拠はあくまで状況証拠でしかない。ジョージ・モーゲンスターン著『真珠湾――秘密戦争の物語』（一九四七年）以来、陰謀説は脈々と生き続けてきたが、米国で受け入れられなかったのは決定的な証拠が見つからなかったためだ。

陰謀説は結局のところ、「国家元首であるルーズベルト大統領が自国の海軍将兵を犠牲にしてまで果たして真珠湾攻撃を見過ごすことができたのか」という根本的な問いかけに説得力ある説明ができず、むしろ反ルーズベルト、反民主党という政治的な意図が陰謀説の背景として指摘されてきたのである。

真珠湾攻撃当時、カリフォルニア州の高校に在学していたスティネット氏は翌年、卒業と同時に海軍に志願し太平洋戦争を戦っている。戦後、地方紙の写真記者をしていたが、戦争経験を土台に陰謀説に関連した情報に接するようになり、八六年に退社してからは本格的に取り組んだ。こうして完成した『真珠湾の真実』がこれまでの陰謀説と際だった違いをみせるのは次の二点に絞られるだろう。

まず、その圧倒的な史料の量である。英語版、日本語版ともほぼ三分の一は添付史料や米解読の日本海軍電文などで埋められ、第二次大戦記録分析の専門家として知られるピッツバーグ大学のドナルド・ゴールドスタイン教授は「史料原典やその信憑《しんぴょう》性を確認する気を読む側になくさせるほど大量に添付されている」という論評を書いているほどだ。

もう一点は、単なるルーズベルト批判本ではないということだ。中西輝政京大教授が日本語版解説で「ルーズベルトが、刻々と真珠湾に迫る日本の機動部隊の動きを知っていたことを膨大な史料を掲げて実証しつつも、ルーズベルトが日本による卑劣な不意打ちを演出してアメリカを大戦へと導いていったことは正しかった、という結論を出している」と指摘しているように、ルーズベルトをむしろ高く評価することを特色としている。

この二点によって同書は少なくとも表面上はこれまでの陰謀説が抱えてきた史料面での弱点と政治的意図への反発を消し去ることに成功している。

産経新聞は昨年四月から九月まで、記者（前田徹）が取材班のキャップとなって「ルーズベルト秘録」を百四回にわたって連載した。連載の目的は、ルーズベルトとその時代をこれまでに集積した米国での研究成果や発掘された新公開公文書などに基づいて再構築することにあった。それによって真珠湾攻撃に至る当時の日米関係のメカニズムをもう一度、確認したかったのである。

連載ではあえて陰謀説に触れなかった。米国のいわゆる主流の歴史家によって陰謀説が完全に無視されているということもあるが、「裏口からの参戦（バックドア・トゥ・ザ・ウオー）」を陰謀の根拠としていることに釈然としなかったからだ。真珠湾攻撃前の一九四〇年暮れから四一年夏頃にかけてルーズベルトはドイツと戦う英国を救うため潜水艦追跡命令などを出して挑発を続けたが、ドイツは慎重で米国世論も参戦に否定的だった。それを一気に戦争に導くためにルーズベルトは一計を案じて〝裏口〟である日本を挑発して真珠湾を攻撃させたというのである。

果たしてそうした壮大な陰謀が成立しうるのだろうか。スティネット氏との対論を通じて、『ルーズベルト秘録』では触れることのなかった陰謀説を紹介しつつ、その検証を試みる。

日本の暗号完全解読——生き残りの米担当官は否定

《『真珠湾の真実』を書いた元米軍人のスティネット氏が展開するルーズベルト陰謀説でとりわけ衝撃的だったのは米国が太平洋に張り巡らせた無線監視網で日本海軍の動きをすべて把握していたと主張している点だ。択捉《えとろふ》島の単冠《ひとかっぷ》湾に集結した日本の機動部隊が一九四一年十一月二十五日に出撃し、十二月七日に真珠湾を攻撃するまでの航跡にとどまらず、艦隊が発した無線内容まで解読していたという（日時は米国時間）。

つまり、米国は日本海軍の動きを手のひらにのせて見守り、真珠湾に停泊する米太平洋艦隊に襲いかかるのをじっと待っていたというのである。しかもそのことを知っていたのはルーズベルト大統領とその主要閣僚、そして無線監視局幹部たちだけであり、真珠湾基地のハズバンド・キンメル提督やウォルター・ショート将軍には敵を欺

くため知らされなかった》
——日本の海軍暗号が解読されていたとして、第一の疑問はなぜキンメルが真珠湾基地の最高責任者でありながら基地内にある無線監視局の暗号解読について知らず、その存在に注意を払わなかったのかだ。『真珠湾の真実』では、ハワイ無線監視局（ＨＹＰＯ）のロシュフォート局長は暗号解読によって日本海軍の動きを知っていたのに意図的に上官であるキンメル提督に隠していたというが。

スティネット　その通り。キンメルは監視情報からはずされていた。ルーズベルト大統領とその側近たちは、真珠湾の米太平洋艦隊をおとりにして日本に最初の一発を撃たせたかった。そのためには艦隊の責任者であるキンメルに知らせるわけにはいかなかったのだ。だが、キンメルは監視局で暗号解読作業が行なわれていることは知っていた。事実、ロシュフォートから（四一年）十一月二十五日に通信概要日報を受け取った記録がある。その日報にはキンメルのイニシャルがあり、「空母部隊指揮官（南雲提督）は潜水艦隊指揮官（第六艦隊長官）および中部太平洋部隊（第四艦隊）指揮官と長々と繰り返し交信していた」と記してあった。これは監視局が日本の機動部隊の動きを出撃の日から知っていたことを示すとともに、機動部隊がいわゆる無線封止を守っていなかったことを示す明確な証拠でもある。

――つまりキンメルは無線監視局から日報の形ではあっても報告を受けていたわけだ。その日報の内容が機動部隊の動きを示す重要な情報なら、なぜロシュフォートはキンメルに教えたのだろうか。ルーズベルトの命令に反する行為ではないか。しかもそれほど重要な情報を得たキンメルはなぜ真珠湾攻撃を予測できなかったのか。

スティネット　確かにキンメルがこの情報内容をこれ以上、追究しなかった理由はわからない。しかし、いまとなっては誰にもわからないし、重要なのはＨＹＰＯが日本の機動部隊の動きをこの時点で知っていたことだろう。

《ロシュフォートの当時の部下で唯一、生存しているＨＹＰＯ暗号解読係で後に提督になったドナルド・シャワーズ氏はこの日報の存在について次のように説明した。

「二十九種類ある日本海軍暗号のうち、作戦行動を知るのに重要な五数字暗号ＪＮ25は、真珠湾攻撃前にはまだ解読されていなかった。一九三九年にＪＮ25の重要性を認識した海軍は解読に取りかかったが、その複雑さから四〇年秋にやっとその糸口にたどり着いたところだった」

「真珠湾攻撃直前に解読できたコード数は全体の八％程度であり、ほとんど意味をなさなかった。ましてＨＹＰＯはＪＮ25解読に従事せず、傍受したコードはすべてワシントンに船で送っていたので、ロシュフォートが機動部隊を含めた作戦行動を知りうる立場にはなかった。われわれは全く別の旗艦士官暗号に取り組んでいた」
「問題の十一月二十五日付日報は、第四艦隊と潜水艦隊の交信の数が多いことを示すものにすぎず、空母部隊指揮官との交信が何を意味するかさえ見当もつかなかったと思われる」

第四艦隊と第六艦隊は開戦後、ウェーキ島、グアム島上陸作戦に従事しており、十一月下旬にはその作戦行動に入っていた。キンメルらはそれがハワイを狙った行動と疑っていた。問題の日報はそうした点を裏付ける記録とはいえるかもしれない。

また、山本五十六連合艦隊司令長官が機動部隊に対して発した無線封止命令が守られていなかったことをこの日報が示しているという点についても、空母部隊指揮官（コマンダー・キャリアーズ）という表記はロシュフォートのものであり、それが機動部隊を率いる南雲提督だと必ずしもわからないし、そもそも第四艦隊は全く別の作戦行動中であって真珠湾攻撃との関連を見つけるのは難しいのだ》

米海軍局長の報告書——「暗号解読」は推論の域を出ず

《これまで出された数多くの研究書や米政府の公表した公文書（ＣＩＡ対日戦報告）などによると、日本の外交暗号解読に米側が成功したのは日米開戦の六年も前の一九三五年だった。それ以降、米側は日本外交を監視し続け、四一年十一月中旬には日本が開戦直前にあることもわかっていた。ハル・ノートへの日本側の最後通牒《つうちょう》にあたる回答文書（十四部）についても、日本大使館より先にルーズベルト大統領が知るほどであった。

だが、真珠湾攻撃までは察知できなかった。日本海軍の暗号JN25（五数字暗号）の解読は開戦後の四二年三、四月まで待たなくてはならなかった——というのが公式見解である。しかし、『真珠湾の真実』の著者、スティネット氏はその見解を真っ向から否定する》

スティネット　私は五数字暗号が真珠湾攻撃前に解読されていたことを示す文書を入手した。九九年の初版には入れられなかったので最新版に含めた。四一年十一月十六日、フィリピンにある無線監視局（CAST）のジョン・リートワイラー局長は「日本の海軍暗号を傍受中であり、翻訳中だ」と報告した。さらにその同じ日、ジョージ・マーシャル陸軍参謀総長はワシントンで記者を集め、日本の暗号を破ったと発表している。もちろん明確にはそう言わなかったが、「われわれは日本が何をしているか知っており、日本はそのことを知らない」と述べたのは、まさにそれを意味していた。

《『真珠湾の真実』によると、リートワイラー局長がワシントンに送った連絡文は、「われわれは二名の翻訳係を多忙ならしめるのに十分なほど、現在、無線通信（電報）を解読している」という内容になっている。確かに解読中とはなっているが、それがJN25とは書いていない。当時のハワイ監視局暗号解読係のシャワーズ氏によると、CASTはJN25に取り組んではいたが、八％程度の解読度のため意味をなさず、むしろ解読に努力しているという程度の意味にとるほうが自然だという。

またマーシャル米陸軍参謀総長が四一年十一月十五日に親しい七人の記者を集めて行なった会見については、米公文書を駆使して第二次大戦史を数多く発表したゴードン・プランゲ博士の『真珠湾――歴史の審判』に詳しい。それによると、マーシャルはフィリピンが日米開戦時に大きな意味を持つことを確信して米陸軍省で秘密記者会見をし、こう語った。

「日米は開戦直前にある。だが、われわれは優位に立っている。米国の軍事準備、特にフィリピンにおける準備（クラーク基地への爆撃機配備）を日本側が監視していることを知っている。つまり日本がわれわれのことを知っていることをわれわれは知っているのに、そのことを日本は知らない」》

――もしリートワイラーやマーシャルの語った内容が、言われるように日本の海軍暗号を解読していたことを明らかにしているにしても、米国がJN25を真珠湾攻撃前に解読できなかったことを証明する公文書が公開されたことをどう考えるか。情報公開法によって国家安全保障局（NSA）が九五年から順番に公開に踏み切った膨大な海軍情報資料（OP—20—G）の中にあったもので、四一年中に解読された日本海軍暗号は一つもなかったと記されている。歴史研究家のブディアンスキー氏は『真珠湾の真実』が出版された直後にそのことを海軍情報雑誌で指摘している。

スティネット　彼が書いた論文は読んだことがあるが、当然ながら同意できない。それにそんな公開資料は目にしたこともない。結局のところ、現場の解読専門家（リートワイラー）の証言を信じるか、ブディアンスキー氏を信じるかの問題ではないか。

《ブディアンスキー氏が発見した「OP—20—G」は産経新聞も入手している。スティネット氏が『真珠湾の真実』の注釈で何度か指摘している第二公文書館のクレーン・ファイルにあった。百ページ以上に及ぶその文書には、米海軍無線監視局がJN25を四二年初めまで解読できなかった経緯を詳述している。

また、真珠湾攻撃を事前に知っていながらルーズベルト大統領が黙認したという陰謀説の核心としてスティネット氏がその著書で紹介したマーシャル将軍の発言は、

「ルーズベルト秘録」でも真珠湾攻撃直前にダグラス・マッカーサー将軍が進めたフィリピン基地強化作戦の記述の中で引用している》

日本機動部隊の行動把握――食い違う米情報部員の証言

《スティネット氏の著書『真珠湾の真実』がこれまでのルーズベルト陰謀説と大きく違うのは、真珠湾へと向かう日本の機動部隊の動きを米国が監視していたことを示すとみられる膨大な史料とともに決定的な「証拠」だとする史料を数多く掲載したことだ。

例えば、米海軍情報部が太平洋に張り巡らす無線方位測定監視所が日本海軍機動部隊の旗艦空母「赤城」の動きをすべて把握していた、という捜査官の証言は真珠湾研究家の常識を根底から覆すものだ》

――サンフランシスコにある第十二海軍区にいた海軍情報部特別捜査官、ロバート・オグ氏が一九四一年十一月三十日から十二月四日までの五日間、日本の軍艦がハワイの北方海域にいることを認識していたという証言は、ルーズベルトが真珠湾攻撃を察知していたという陰謀説を解き明かすうえで非常に大きな意味があると思うが。

スティネット　私はロシュフォート（太平洋艦隊所属ハワイ無線監視局長）がキン

メル(太平洋艦隊司令長官)に提出した四一年十一月二十五日付日報で、日本の空母部隊が中部太平洋の第四艦隊長官と交信していることが記述されていることを知り、米側が機動部隊の動きを正確につかんでいると確信した。オグ氏とのインタビューはその延長線で行なったもので、これによって米側が機動部隊の航跡そのものを把握し、その情報がルーズベルト大統領にまで伝えられていたことを知ったのだ。

――だが、一つ問題がある。オグ氏のあなたへの証言は、それ以前にオグ氏が語ってきた内容と違っていることだ。米海軍情報部が八三年に行なったインタビューでオグ氏は「(無線方位測定で)把握した時点では軍艦なのか漁船なのかわからず、真珠湾攻撃後にやっとあれが空母艦隊だったとわかった」と語り、艦船位置情報は大きな意味をなさなかったと証言しているが。

スティネット　私もそのインタビュー内容を入手している。しかし、オグ氏は私には軍艦とわかっていたと証言した。さらにオグ氏はこの情報がルーズベルトにも伝わっていたと話している。なぜ、彼が異なる証言を海軍情報部にしたのか私にはわからないが、このインタビューが海軍情報部によって行なわれたことに留意すべきだ。

《無線方位測定監視とはアラスカや米西海岸、ハワイ、フィリピンなどに設けた受信所でキャッチした無線信号をつなぎ合わせ、信号を発した艦船の位置を測定するものだ。当時は二ヵ所で受信した信号によって得た大体の位置を海図に書き込んでいる。電子工学と航海術を専門にするオグ氏は当時、サンフランシスコ市中心部にある第十二海軍区情報部で各地から寄せられる信号受信結果に基づいて日本の艦船位置を把握していた。

オグ氏が真珠湾攻撃前に機動部隊とみられる船団をハワイ北海域に確認していたという話は、八二年に出版されたジョン・トーランド著『真珠湾攻撃』に最初に登場した。トーランド氏はこのときオグ氏を「Z」として紹介し、その証言を下敷きに「当時、海軍情報部が血眼になって探していた日本の空母艦隊（機動部隊）がハワイ北方沖にいると推測し、その情報がホワイトハウスに連絡された」と書いている。スティネット氏が確認したというオグ氏の話は『真珠湾攻撃』を踏襲したものだ。

オグ氏のこうした証言は米海軍情報部の関心を集め、八三年に調査官がオグ氏の自宅に派遣され、三時間半にわたるインタビューが行なわれた。以下はその主な内容だ。

「トーランド氏に話をしようと考えたのはキンメル提督の子息にぜひにと頼まれたからだった。トーランド氏の本では、私が（上官の）ホズマーに『（問題の通信信号が）見失った空母艦隊かもしれない』と話したことになっているが、そんなことは一切、言っていない。わかっていたのは妙な周波数の日本船が日付変更線の東側に存在するということであり、それが漁船なのか空母なのかわかりようがなかった。（真珠湾攻撃のあった）十二月七日早朝（米国時間）、私は初めて『ついに起きた』と確信した。あれほどの攻撃があるとは考えもしなかったが、何かが起きるような予感があったからだ。ホズマーとはすぐに電話で問題の受信信号について話し合ったのを覚えている」

この証言はトーランド氏やスティネット氏の本に登場する「証言」とは明らかに異なる。この食い違いについてスティネット氏は、民間人に対して語るのと海軍情報部という軍組織に対して語ることとの違いに留意するよう示唆しているが、この証言記録は海軍が真珠湾攻撃に絡む史料として作成したものであり、オグ氏はタイプされた記録に合意の署名をしている》

暗号解読文の謎――「戦後に解読・翻訳」の重要証言

《真珠湾攻撃をルーズベルトが事前に知っていたとするスティネット氏の著書『真珠湾の真実』は、米国陰謀説を証明する決定的な証拠の一つとして、日本の海軍機動部隊が一九四一年十一月末に千島列島に集結したことを示す「Hitokappu Bay（択捉島・単冠湾）」と記された暗号電文を挙げている。同書日本語版の解説で中西輝政京

大教授が「六十年ぶりに初めて公にされた秘密文書に驚いた」と書いているように、読者の目を特に引いた》

——あなたが入手した真珠湾攻撃直前の日本海軍の暗号傍受電文は、確かに今回のルーズベルト陰謀説の根幹をなしているように思える。しかし、それらの電文を読んで疑問なのは、他のパープル電文（日本の外交暗号で、一九三五年に米側が解読に成功）と違っていずれも「四六年 Trans」と記されていることだ。これはいったい、何を意味するのだろうか。戦後の四六年に解読・翻訳されたということなら文書の価値はあまりない。

スティネット　こうした電文の数々が、真珠湾攻撃をルーズベルトが事前に知っていたことを証明していることは確実だ。だが、「Trans」については実は私にもよくわからないのだ。それが「Transcribed（転写）」なのか「Translated（翻訳）」なのか。そもそも四六年は何のことなのか。重要なのはそれぞれの電文が傍受された日付がはいっていることだ。例えば「ヒトカップ」が明記された電文は四一年十一月十八日に傍受したことが記されている。つまり米側が傍受していたことは間違いない。

——もう一つの疑問は、電文にときおり書かれている「Current（現在の）」という文字だ。

スティネット　それははっきりしている。米側が傍受と同時に解読作業に取りかかり、日本語を英語に翻訳していることを示している。

《「Trans」について、当時の米太平洋艦隊ハワイ無線監視局（ＨＹＰＯ）暗号解読係で、戦後も米中央情報局（ＣＩＡ）で信号解読作業などに携わったシャワーズ氏は次のように説明した。

「戦後、わたしたちは真珠湾攻撃前の未解読電文に取り組むことにした。あの時点で解読能力があれば、どの程度日本海軍の動きを知ることができたのかという検証のためもあったが、戦争が終わって少し余裕のできた解読係たちに何らかの仕事を与えたいという軽い気持ちのほうが強かった。四五年から四六年にかけて行なわれたこの作業でほぼ千五百通の重要と思われる電文の解読・翻訳が行なわれた。それが『四六年Trans』の意味だ」

「ところが、この解読電文に興味を持った国家安全保障局（ＮＳＡ）歴史課のフレッド・パーカー氏が千五百通のうち真珠湾を示唆するとみられる約二百通を分析して、間接的にだが真珠湾攻撃は予想できたという報告書を数年前に作成した。そこで私はこれらの電文の内容を検討したが、たとえ当時、これらの解読に成功していたとしても、この電文から真珠湾攻撃を予測するのは不可能だったという結論に達した」

「あえて指摘するならば、日本タンカーが中北部太平洋で待ち合わせをしていることを示す電文が機動部隊の存在をにおわせるが、それでも軍艦と待ち合わせしていることを示す情報は含まれておらず、日本とハワイのちょうど真ん中でタンカーが何らかの船と待ち合わせしていることを示しているにすぎない」

「電文に書かれた『Current』は（スティネット氏がいうように）解読中という意味ではなく、たったいま傍受した暗号文をただちに解読担当者か担当部局に送付したという意味だった」

　要するに、「ヒトカップ」など重要とされる日本側暗号電文はいずれも戦後、研究用に解読・翻訳されたものであり、真珠湾攻撃前には解読に成功しておらず、意味あるものではなかったというわけだ。シャワーズ氏はスティネット氏から三度にわたって手紙で暗号解読についての質問状を受けたが、その質問内容が非常に恣意《しい》的であり、回答が意図的な使われ方をする危険があると考えて返事は出さなかったという》

スティネット　いずれにせよ「Trans」の疑問を解決するには傍受当時の作業担当者のワークシート（手書きのメモ）を見る必要があり、私は何度も米政府にその公開を迫っている。だがなぜか公開されない。
《これについてシャワーズ氏は「膨大で整理もされていないワークシートは暗号数字

だけを並べただけのもので保存する意味がない。暗号関係の資料は当初、海軍が一括して保管していたが、数年前にワシントンの国立公文書館などに移管された。しかし、ワークシートは保存されていないはずだ」》

日本挑発計画――「大統領が採用した証拠はない」

《日本軍の真珠湾攻撃をルーズベルト米大統領が事前に知っていながら放置したと主張するスティネット氏の著書『真珠湾の真実』では、同氏が発掘した「マッカラム八項目覚書」が大きな位置を占める。一九四〇年十月、米海軍情報将校のアーサー・マッカラム少佐が作成したもので、日本に対して戦争を挑発する段階的計画が提案されている。スティネット氏は、これをルーズベルトが採用したのだとみる。ルーズベルトは、これを遂行するのに重要な役割を担う米太平洋艦隊司令長官に現地の事情にうといキンメル提督を選ぶ》

――一九四〇年五月、ルーズベルト大統領と当時の太平洋艦隊司令長官のリチャードソン提督がホワイトハウスで口論する。理由はルーズベルトが日本に最初の一発を撃たせるため真珠湾に艦隊を停泊させることを決めたことに提督が強く異議を申し立てたためだというが、ルーズベルトはなぜ後任の提督にキンメルを選んだのだろうか。

スティネット ルーズベルトは最初、（チェスター）ニミッツ提督に任せようとした。しかし、彼は大統領の（真珠湾をおとりにして日本をおびき出す）狙いを察知し、拒否した。代わりにキンメルを選んだのは、おとなしい性格でうまく扱えると考えたからだろう。それより太平洋艦隊ナンバー3に（ウォルター）アンダーソン海軍大佐を送り込んだことに注目しなければならない。彼はそれまで海軍情報部長でありルーズベルトの意向を最も理解していたし、そもそもマッカラム提案を強く信じていた一人だからだ。

《キンメルはルーズベルトが一九一三年から一九年まで海軍次官補をしていたときの補佐官のような役割を果たしている。ルーズベルトは当時からキンメルの仕事ぶりを高く評価しており、多くのルーズベルト研究書は、数階級特進ともいえる重要な太平洋艦隊司令長官ポストにキンメルを就けたのはそのときの信頼関係があったからだとの見方をしている。また、ニミッツが司令長官就任を拒んだ理由については「先輩を追い越して就任することにためらいがあった」（『ニミッツ回顧録』）と説明されている》

――だが、海軍省の日本専門家とはいえマッカラムは情報将校の一人にすぎない。彼の提案に大統領やアンダーソンが飛びついたことを示す証拠が存在するのか。

スティネット　確かにルーズベルトやアンダーソンとマッカラム提案を直接結びつける文書や証拠は見つかっていない。だが、ルーズベルトがその後、提案通りの政策を採用したことからみて支持していたのは明らかだろう。アンダーソンにしても海軍情報部長として日本の海軍暗号（五数字暗号）の解読成功を知っており、それによって日本の真珠湾攻撃を予想できたにもかかわらず上官のキンメルに一切、伝えなかった。言ってみれば職務怠慢で軍法会議にかけられてもおかしくない立場なのにそうならなかったのはなぜか。このことをみても、彼が太平洋艦隊をおとりに使ったマッカラム提案の遂行者の一人だったといえるだろう。

《スティネット氏の論法でいくと、マッカラム提案とルーズベルト陰謀説を結びつけるものは「提案が実行され、真珠湾攻撃が起きた」という結果だ。だが、マッカラム提案遂行の前提となる「日本海軍の暗号解読」が真珠湾攻撃前に成功していたかどうか非常に疑わしいことは、この連載で指摘してきた。

ハワイ暗号解読班の生存者であるシャワーズ氏は「解読成功は真珠湾攻撃の翌四二年三月頃」と断言し、米国家安全保障局（ＮＳＡ）が九五年頃から公開している暗号解読記録とその報告も真珠湾前の解読成功を否定している》

――マッカラム提案についてさらに聞きたい。『真珠湾の真実』の中では、マッカラムの上官の一人でルーズベルトに影響を与えた重要人物というノックス大佐が提案を承認したという文書を挙げているが。

スティネット そう、あれは重要だ。ノックスは非常に重要な役割を果たした。

――だが、文書をよく読むと、「米国は英国を支援しなければならず、その弊害となるようなことは慎むべきだ」といった、むしろマッカラム提案を否定するような内容と読める。

スティネット 確かにそう読み取れる。私は実はノックスをあまり重視していない。発言がころころと変わるタイプの男だからだ。重要なのはルーズベルト自身がマッカラム提案採用を決断したことに尽きる。

攻撃の〝誘い水〟――シナリオの存在は特定不能

《スティネット氏によると、ルーズベルト大統領が日本を挑発して真珠湾で最初の一発を撃たせ、本当の目的であるドイツとの戦争に米国民を導こうというアイデアを得たのは一九四〇年十月七日、海軍情報将校であるアーサー・マッカラム少佐が書いた「八項目提案」を目にしてからだという。

だが、その八項目とは①太平洋での英軍基地、特にシンガポール基地についての英国との協定締結、②オランダ領東インドの基地使用などでオランダと協定締結、③中国国民政府（蒋介石政府）へのあらゆる援助の提供、④遠距離航行可能な重巡洋艦一個船隊を東洋、フィリピンなどへ派遣、⑤潜水船隊二隊の東洋派遣、⑥太平洋ハワイ諸島に米主力艦隊を維持、⑦日本への不当な経済的要求、⑧英国と協力して日本との全面的通商禁止措置——といった比較的一般的なものだ。

当時のルーズベルト政権がドイツと戦う英国支援のため、ドイツ、イタリアと三国同盟を結んだ日本に対して強硬路線を強めていたことを考えると、この種の提案は当たり前の内容にみえる。つまり、特別に目を引くような提案ではなかったのではないかという疑問が浮かぶ》

——日本に対する経済制裁は、満州事変直後に米国が発動した一九三二年のスティムソン・ドクトリンがその始まりというのが一般的な見方だろう。同様に米国の中国支援についても、三七年の日華事変以降、急速に強まり、南京陥落直前に米砲艦を日本機が爆撃した「パネー号事件」が決定づけた。それを示す公文書や当時の関係者の証言は多い。その意味で、マッカラム提案はそれまでの政策の延長線上にあるわけで、ルーズベルトのその後の政策を決めたというのは過大評価ではないか。

スティネット　問題はルーズベルトがマッカラム案にある内容をすべて実行したと

いうことではないだろうか。

――マッカラム提案がなされる三日前の十月四日、英国のチャーチル首相がルーズベルト大統領に対し、シンガポール基地の米軍使用を提案している。マッカラムより先にチャーチルが行なっている事実は、マッカラム提案が特別なものではなかったことを示していないか。それほど重要な提案についてルーズベルトとその側近が全く言及していないのも不思議だ。

スティネット　米国は英国の太平洋基地であるラバウルを基地として使用することに応じたのであってシンガポールを提供するというチャーチル案は実現しなかった。重要なのはマッカラム案の内容だけが実行されたことだ。また、マッカラム案の重要性はその秘密性にある。一切言及されないことがその証だ。

《マッカラム提案はチャーチル同様にシンガポール基地の米軍使用に言及しているが、スティネット氏は「マッカラムは『太平洋の英軍基地』ということを強調しており、それがラバウルの提供として実現した」という》

――マッカラム提案と同じ時期に日本空爆計画が進められていた。ルーズベルト側近のモーゲンソー財務長官の日記などにそのことが詳しいが、中国機を装った米爆撃機で東京、大阪などを爆撃しようという案は、米国立公文書館に保存された詳細な文書でたどることができる。当時の米国は外交的な話し合い路線とともに宣戦布告なしで爆撃するという強硬なアイデアに取りつかれていたことがわかるが、マッカラム提案にはそれが入っていない。マッカラム提案は対日政策の一般的な提案の一つとみたほうが自然ではないか。

スティネット　私は海軍関連文書を中心に調べたので、それと関係ない日本空爆計画は知らない。重要なのは結局、何が実行されたかどうかだ。マッカラム提案は実行され、日本空爆計画は実行されなかった。

《スティネット氏は、マッカラム提案をルーズベルト大統領が目にするか、知っていたことを示す直接証拠を見つけることができなかったと認めている。だが、提案の内容がその後、実行されたという結果を根拠に、ルーズベルトがマッカラム提案を採用したと主張する。

これまでの歴史家の一般的な見解によると、当時の米政権は英国支援の見地から、とりあえずは時間稼ぎをすべきだという対日融和派と、経済政策によって日本を締め付け、場合によっては武力衝突も辞さないという強硬派の間で揺れていた。マッカラム提案はその対日強硬策の一つだった。

マッカラム提案の内容は、当時の米政権の対日専門家にとっては特別なものではなく、ある程度共通した認識だったといっていい。経済制裁強化や英国、オランダとの軍事協力も含め、その後の政策が提案に沿って実現したかに見えるのは、その意味で不思議ではない》

ドイツの対米宣戦布告——米の狙い通り？　証明は困難

《戦後すぐの一九四七年に歴史研究家、ジョージ・モーゲンスターンが『真珠湾——秘密戦争の物語』を世に問うて以来、米大統領ルーズベルトが真珠湾攻撃を事前に知りながら放置したとする陰謀説は脈々と生き続けてきた。その背景には、ルーズベルトが独断的で秘密性の高い手法をとる政治家だったということもある。しかし、日本の真珠湾攻撃を誘導することによってドイツを対米戦に引き込むという壮大な陰謀説には実は、根本的な欠陥がある。陰謀説を展開するスティネット氏の著書『真珠湾の真実』も同様の問題をはらんでいる》

——米太平洋艦隊をおとりにして日本を真珠湾攻撃に誘い、それによって真の目的であるドイツとの戦争を達成する。いわゆる「裏口からの参戦（バックドア・トゥー・ザ・ウオー）」だが、ルーズベルトの狙いはまさにそこにあったわけですね。

スティネット　その通りだ。ルーズベルトだけではない。（ダグラス）マッカーサー（米極東軍司令官）や（ジョージ）マーシャル（米陸軍参謀総長）ら太平洋艦隊のキンメル提督を除いてすべての米軍指導者が了解していたことだ。
——そこで問題になるのは、真珠湾攻撃があってもドイツが米国に宣戦布告する必要はなかったという点だ。裏口論が根拠にしている日独伊三国同盟によると、加盟国が現在交戦中の国を除く第三国から攻撃を受けた場合にのみ参戦義務を課している。日本が真珠湾で米軍を攻撃してもドイツが確実に対米参戦する見通しはなかった。

スティネット　確かにそういう面はある。だが、真珠湾攻撃後、ルーズベルトが議会演説で「戦争状態（ステート・オブ・ウオー）」を宣言することによって（ドイツ参戦を）可能にした。つまり、宣戦布告ではなく「戦争状態」の宣言である。ルーズベルトのスピーチをよく検討してほしい。

《スティネット氏によると、ルーズベルトは戦争状態をわざわざ宣言することによって「米国が攻撃を受けたのか、それとも日本が攻撃を受けたのか」という三国同盟の参戦条件をめぐる争点を解決し、ドイツ参戦を義務づけたと説明した。確かに、ルーズベルトの演説には「（日米間に）戦争状態が存在する」というくだりがある。だが、それ以上に「日本は狡猾《こうかつ》に米国を攻撃した」という強い口調の表現も同時に存在する》

――真珠湾攻撃の六ヵ月前、ドイツはソ連を攻撃し、独ソ戦が始まった。このとき、同盟関係にある日本に対し参戦を求める声はドイツで強かったし、日本軍部にもそういう意見がかなり強まった時期があった。それでも結局はソ連に宣戦しなかった。そういう経緯を目撃したルーズベルトが、果たして確実にドイツの対米宣戦をあてにすることができたのだろうか。

スティネット　これは歴史の事実である。ドイツは対米宣戦した。その結果がすべてではないか。ルーズベルトの「裏口からの参戦」戦略が見事に成功したことは歴史が証明している。

《スティネット氏は補足説明として、「三国同盟は一九四〇年だけでなく四一年にも修正が加えられた」と指摘し、「第三国から攻撃を受けた」場合の参戦条件が「戦争状態宣言」に切り替わっていたと強く示唆した。だが、スティネット氏の『真珠湾の真実』の注釈欄に引用された三国同盟条文でも、「第三国からの攻撃」という従来の条件が明記されており、同氏が示唆するような修正の事実はこれまでの研究でも裏付けられていない。

また、真珠湾攻撃直後のルーズベルトの議会演説からはドイツという国名が周到に省かれている。当時の記録によれば、ヘンリー・スティムソン陸軍長官は議会に対し、日本との戦争状態を宣言するよう要請する際、「(日本と同盟関係にある)ドイツについても演説で触れるべきだ」と強く勧めた。だが、ルーズベルトは言及を避けており、そこにはドイツに参戦のきっかけを与えたくないかのような印象さえある。スティネット氏は「戦争状態宣言」によってドイツ参戦を巧みに誘ったと主張しているが、参戦を確実にするためにはドイツに強く触れるほうが自然ではないか。真珠湾攻撃からわずか四日後、三国同盟による参戦義務がなく、ロシア戦線で苦戦しているにもかかわらずドイツが対米宣戦布告したことはいまだに「歴史の謎」と見る向きが多い》

マッカーサーも関与?――「暗号解読」がすべての前提

《米大統領のルーズベルトが日本を経済的、心理的に追い詰めて戦争に引き込んでいった事実はさまざまな史料の分析から裏付けられる。そのルーズベルトが米国民の怒りをかき立てて戦争へと導くため、日本軍の真珠湾攻撃を事前に察知していながら黙過したというのが「陰謀説」である。スティネット氏の著書『真珠湾の真実』がこれまでの陰謀説と際だって異なるのは、フィリピンにおいても日本軍に最初の一発を撃たせるため極東軍司令官、マッカーサー将軍が故意に反撃しなかったとする点だ。

スティネット氏によると、真珠湾では米太平洋艦隊司令長官のキンメル提督だけが陰謀を知らされなかったが、フィリピンでは司令官自身が陰謀に関与し、部下は見捨てられたということになる》

――キンメル提督と違ってマッカーサー将軍は陰謀を理解し、台湾から飛来した日本機がフィリピンに集結した米爆撃機を破壊するのを放置したというが、真珠湾攻撃から半日近くたった時点でそんな必要があったのだろうか。日本に最初に一発を撃たせるという目的は真珠湾攻撃ですでに達成したのではないか。

スティネット　マッカーサーはワシントンから日本との開戦警告を受けた際、「うまく防衛する準備が整っている」と打ち返している。「うまく（successful）」というのが日本軍の攻撃を放置するという意味を含んでいた。それによって爆撃機や艦船を失ったが、その結果、米国民をさらに奮い立たせることに貢献した。米国民を怒らせることなら何でもよかったのだ。

――そうするとフィリピン基地が陥落したのはマッカーサー将軍らの防衛戦のミスではなく意図的なもので、あの有名な言葉「アイ・シャル・リターン（私は必ず戻ってくる）」も演技だったことになる。

スティネット　その通りだ。マッカーサーはその功労としてオーストラリアへ無事脱出することが許されたうえに、議会からは名誉勲章まで受けた。

＊　＊　＊

真珠湾攻撃直後のフィリピン・クラーク基地への日本の攻撃が壊滅的な打撃を米軍に与えたため、マッカーサー将軍らへの非難はいまもくすぶっている。特に「空飛ぶ要塞《ようさい》」と呼ばれた米爆撃機B17は、欧州戦線でドイツと戦う英国が強く派遣を要望したにもかかわらず、マーシャル陸軍参謀総長らがフィリピンに集結させた米極東軍の〝虎の子〟のような存在だった。その三十五機すべてが駐機中に破壊されたことで非難が集中した。

当時の極東航空軍のブレレトン司令官の日記によれば、ワシントンの陸軍航空隊総司令官、アーノルド将軍は真珠湾攻撃直後にクラーク基地に電話し、日本機の襲来に備えるよう強い指示を与えた。マッカーサー将軍はそれを受けて爆撃機に空中待機を命じた。だが、燃料補給のため戻ってきたところをタイミングよく襲撃されたのである。

この防衛上のミスについてマッカーサー将軍とブレレトン司令官は戦後になっても非難を応酬しあっている。マッカーサー脱出が論功行賞だとしている点も、マッカーサー自身が最後まで部下を残すことに抵抗した多くの記録から見て無理が多い論法ではないか。

スティネット氏がフィリピン陥落を「陰謀」の一部に含めたのは、フィリピン基地の無線監視局（CAST）によって日本海軍の作戦暗号が解読されていたのを前提としているためだと思われる。

スティネット氏の陰謀説は、真珠湾攻撃前に米国が暗号解読に成功し、日本機動部隊の動きをつかんでいたということを最大の根拠としている。その明確な証拠としてCASTのリートワイラー局長の電文を何度か指摘し、その上官であるマッカーサーもすべて把握していたと断言している。日本軍の動きを知っているはずのマッカーサーがフィリピン防衛で爆撃機を失うというミスを犯すわけにはいかなかった。

スティネット氏は記者（前田）との会話のなかで、ルーズベルト陰謀説を探ろうとしたきっかけとして歴史家、ゴードン・プランゲ博士の著書『真珠湾は眠っていたか』を挙げた。八一年初版の同書は十年後の九一年、湾岸戦争で改めて真珠湾攻撃が脚光を浴びたのを機会に再版されているが、そのさい「真珠湾は死なず」という追加項目が付け加えられ、これまで米国で登場したルーズベルト陰謀説を解説している。

そこには、スティネット氏の『真珠湾の真実』に登場する日本機動部隊の動きを無線方位探知でつかんでいたという元米海軍情報部特別捜査官、ロバート・オグ氏の証言などが記述されている（オグ氏は八三年に米海軍情報部が行なったインタビューでは、日本機動部隊の動きをつかんではいなかった、と食い違う証言をしている）。いずれにしても、これまでさまざまな角度から検討が加えられたテーマが新たな装いで次々に登場する。まさに「真珠湾は死なず」である。

（初出：産経新聞 平成十三年八月十二日～八月二十一日掲載）

注

第四部　奴らを追い詰めろ

Ⅳ-1 John Morton Blum, *From the Morgenthau Diaries, Volume II: Years of Urgency, 1938-41*, 1965, p. 363.

Ⅳ-2 Michael Schaller, *The U.S. Crusade in China, 1938-1945*, 1979, p. 26.

Ⅳ-3 Daniel Ford, *Flying Tigers*, 1991, p. 47.

Ⅳ-4 David M.Kennedy, *Freedom From Fear: The American People in Depression and War, 1929-1945*, 1999, p. 481.

Ⅳ-5 Robert E. Sherwood, *Roosevelt and Hopkins: An Intimate History*, 1948, pp. 408-9.

Ⅳ-6 Samuel Eliot Morison, *The History of United States Naval Operations in World War II: Vol. III, The Rising Sun in the Pacific*, 1948, pp. 389-98; John Toland, *The Rising Sun*, 1970, pp. 380-87.

Ⅳ-7 James Forrestal, *The Forrestal Diaries*, 1951, p. 86.

Ⅳ-8 R. Cargill Hall, *Lightning Over Bougainville*, 1991, pp. 44-45.

Ⅳ-9 Joseph P. Lash, *Roosevelt and Churchill: 1939-1941: The Partnership That Saved The World*, 1976.

Ⅳ-10 Sherwood, op. cit., p. 382.

Ⅳ-11 Saul S. Friedman, *No Haven for the Oppressed: United States Policy Toward Jewish Refugees, 1938-1945*, 1973, pp. 89-90.

Ⅳ-12 David G. Goodman and Masanori Miyazawa, *Jews in the Japanese Mind*, 1995, pp. 112-13.

Ⅳ-13 Kennedy, op. cit., p. 658.

Ⅳ-14 Richard Rhodes, *The Making of the Atomic Bomb*, 1986, pp. 314-15.

Ⅳ-15 Franklin D. Roosevelt Library, President's Personal Files, File # 222.

Ⅳ-16 Robert Dallek, *Franklin D. Roosevelt and American Foreign Policy, 1932-1945*, 1979, p. 154.

Ⅳ-17 Blum, op. cit., p. 358.

Ⅳ-18 Elliott Roosevelt, *As He Saw It*, 1946, pp. 35-36.

Ⅳ-19 *Ibid.*, pp. 41-42.

Ⅳ-20 Theodore Wilson, *The First Summit: Roosevelt and Churchill at Placentia Bay, 1941*, 1969, illustration.

Ⅳ-21 Joint Committee on the Investigation of the Pearl Harbor Attack, *Pearl Harbor Attack*, 1946, part 14, p. 1254.

Ⅳ-22 Charles A. Beard, *President Roosevelt and the Coming of the War, 1941*, 1948, p. 457.

Ⅳ-23 Department of State, *Foreign Relations of the United States: Diplomatic Papers. 1941, Vol. IV. The Far East*, 1958, pp. 378-79.

Ⅳ-24 William Stevenson, *A Man Called Intrepid*, 1976, pp. 326-27.

第五部　恩讐の真珠湾へ

Ⅴ-1 Edwin Layton with Roger Pineau and John Costello. *And I Was There*, 1985, pp. 503-4.

Ⅴ-2 Geoffrey Perret, *Old Soldiers Never Die: The Life of Douglas MacArthur*, 1996, pp. 243-44.

V-3 National Archives, Secretary of War Secret File, Memorandum "Air Offensive Against Japan" for Secretary of War and General Staff, Nov. 19, 1941.

V-4 Joint Committee on the Investigation of the Pearl Harbor Attack, op. cit., part 3, p. 1167.

V-5 Stimson Diary, Yale University, Nov. 25, 1941.

V-6 John Morton Blum, ***From the Morgenthau Diaries, Volume II: Years of Urgency, 1938-41,*** 1965, p. 386.

V-7 Layton, op. cit., pp. 199-200.

V-8 Joint Committee on the Investigation of the Pearl Harbor Attack, op. cit., part 20, pp. 4528-4537.

V-9 John Toland, ***Rising Sun,*** 1970, pp. 234-35.

V-10 Robert E. Sherwood, ***Roosevelt and Hopkins: An Intimate History,*** 1948, p. 432.

V-11 Lewis Brereton, ***The Brereton Diaries,*** 1946, p. 50.

V-12 Department of State, ***Foreign Relations of the United States: Diplomatic Papers. 1941, Vol. IV. The Far East.*** op. cit., 1958, pp. 742-44.

V-13 Doris Kearns Goodwin, ***No Ordinary Time,*** 1994, p. 290.

V-14 Arthur H. Vandenberg, Jr., ***The Private Papers of Senator Vandenberg,*** 1952, pp. 16-18.

V-15 Goodwin, op. cit., p. 290.

V-16 Louis Adamic, ***Dinner at the White House***, 1948, pp. 43-44.

V-17 Roger Daniels, ***Concentration Camps USA: Japanese Americans and World War II,*** 1971, pp. 52-56.

V-18 Christopher Thorne, ***Allies of a Kind: The United States, Britain and the War Against Japan, 1941-1945,*** 1978, pp. 158-59; pp. 167-68.

V-19 Michael Schaller, ***Douglas MacArthur: The Far Eastern General,*** 1989, p. 63.

V-20 William D. Hassett, *Off the Record with F.D.R.*, 1958, p.88.

V-21 Douglas MacArthur, *Reminiscences*, 1964, pp. 251-52.

V-22 Frank Reel, *The Case of General Yamashita*, 1949, p. 240.

V-23 George C. Kenney, *General Kenney Reports: A Personal History of the Pacific War*, 1949, pp. 533-34.

V-24 Whittaker Chambers, *Witness*, 1952, pp. 67-68.

V-25 Department of State, *Foreign Relations of the United States: Diplomatic Papers. 1941, Vol. IV. The Far East.* op. cit., 1958, pp. 606-13.

V-26 *Ibid.*, p. 626.

V-27 *Ibid.*, p. 613-16.

V-28 David Rees, *Harry Dexter White: A Study in Paradox*, 1973, p. 125

V-29 Jonathan G. Utley, *Going to War With Japan, 1937-1941*, 1985, p. 173.

V-30 Cordell Hull, *The Memoirs of Cordell Hull*, 1948, p. 1073.

V-31 Jim Bishop, *FDR's Last Year*, 1974, p. 568.

◆ルーズベルト略年譜

1882年　1月30日、ニューヨーク州ハドソン河畔のハイドパークで生まれる
1899年　ヘイ米国務長官、中国の門戸開放宣言
1900年　ハーバード大学に入学。父ジェームズ死去
1902年　明治の元老、松方正義の六男、乙彦と会う
1903年　ハーバード大学卒業。エレノア・ルーズベルトと婚約
1904年　日露戦争勃発
1905年　3月、エレノアと結婚、ヨーロッパに新婚旅行
　　エレノアの叔父、セオドア・ルーズベルトの仲介で日露ポーツマス講和
1907年　ニューヨーク州の司法試験に合格し、弁護士の資格を取得
1908年　コロンビア大学法学院を退学、法律事務所に勤務
1910年　ニューヨーク州上院議員選挙に民主党から立候補、当選。政界入り（二十八歳）
1912年　大統領選挙戦で民主党革新派、ウッドロー・ウィルソンの指名獲得に協力。州上院議員に再選される

1913年　3月、ウィルソン大統領により海軍次官補に任命される
1917年　第一次大戦下、海軍力の拡張、増強に力注ぐ
1918年　7月から8月にかけて欧州戦線視察旅行
1919年　ベルサイユ会議に大統領随員として同行。ウィルソンの国際連盟を支持
1920年　民主党大統領候補のジェームズ・M・コックスの副大統領候補に指名されたが、惨敗
1921年　ニューヨークに戻り弁護士業を再開するが、8月、キャンポベロの別荘で水浴中、ポリオ（脊髄性小児麻痺）に感染し、闘病生活に入る（三十九歳）
1922年　日米英など九カ国が中国の主権尊重をうたう九カ国条約締結あわせて五海軍国がワシントン海軍軍縮条約を締結
1928年　ニューヨーク州知事選に出馬、辛くも当選
1929年　ホワイトハウス火災。10月24日、ウォール街の株価大暴落（世界大恐慌勃発）
1930年　七十二万五千票の大差でニューヨーク州知事に再選

アメリカの動き

2・27 退役軍人ボーナス法案可決
6・20 フーバー・モラトリアム
10・24 アル・カポネ、脱税で懲役判決
12・7 失業者、ワシントンで飢餓行進

1931

1・7 スティムソン・ドクトリン

1932

日本の動き

昭和恐慌
3・6 クーデター計画（三月事件）
9・18 関東軍、柳条湖の満鉄線路爆破（満州事変の発端）
10・17 クーデター計画（十月事件）
12・11 犬養政友会内閣成立

1931

2・9 血盟団員、井上前蔵相射殺

1932

その他の動き

5・11 オーストリアの中央銀行破産（世界金融恐慌の発端）
9・24 上海の英語誌が「田中メモリアル」を掲載
9・28 国際連盟、緊急理事会
10・24 連盟理事会、日本の満州撤兵勧告
11・7 中華ソビエト共和国臨時政府樹立

1931

1・9 ドイツ、賠償支払不可能を声明
1・28 上海事変始まる
2・2 ジュネーブ軍縮会議（～7月）

1932

5・29 ボーナス行進

11・8 ルーズベルト、大統領選で勝利

1933

3・4 ルーズベルト、大統領就任

3・9 百日議会（～6・16）

4・19 金本位制停止

5・12 農業調整法（AAA）

5・18 テネシー渓谷開発公社（TVA）法

6・13 国家復興庁（NRA）設立

6・16 全国産業復興法（NIRA）

3・1 満州国建国を宣言

5・15 五・一五事件（犬養首相暗殺）

12・13 大日本国防婦人会結成

1933

2・20 小林多喜二、拷問・虐殺

3・27 国際連盟脱退

4・22 滝川事件

2・29 英、保護関税法

7・31 ナチス、独国会選挙で第一党

8・20 英帝国経済会議（オタワ合意）

11・29 仏ソ不可侵条約調印

1933

1・30 ヒトラー、独首相に就任

2・24 国際連盟総会、満州国不承認

3・23 独国会、ヒトラーの全権委任法可決

6・12 ロンドンで国際経済会議

9・2 伊ソ不可侵条約調印

11・17 ソ連を承認
12・5 禁酒法廃止

1934

1・31 金の平価切り下げを声明
6・18 インディアン再組織法成立
ニューディール批判高まる

1935

5・6 就業促進局設置
5・27 最高裁、NIRAに違憲判決

1934

2・20 松方乙彦がホワイトハウス訪問
11・1 満鉄に高速列車あじあ号登場
12・29 ワシントン海軍軍縮条約破棄

1935

2・18 天皇機関説事件

10・14 独、国際連盟脱退を声明

1934

3・17 ローマ議定書調印
3・24 独、産業統制令公布
6・15 独、賠償支払停止
10・15 中国共産党、長征開始

1935

1・13 遵義会議で毛沢東の指導権確立
5・2 仏ソ相互援助条約調印
6・28 仏、反ファシズム人民戦線結成

7・5 ワグナー法（労働者の団結権保障）
8・14 社会保障法（SSA）可決
8・31 中立法（交戦国への軍需品輸出禁止）
11・9 産業別組合委員会（CIO）発足

1936

1・6 最高裁、農業調整法に違憲判決
11・3 ルーズベルト、大統領再選

8・12 永田陸軍軍務局長斬殺

1936

1・15 ロンドン軍縮会議脱退通告
2・26 二・二六事件
11・25 日独防共協定調印

7・25 第七回コミンテルン大会
10・3 伊軍、エチオピア侵攻
10・11 国際連盟、対伊経済封鎖決議

1936

3・7 独、ラインラント進駐
5・9 伊、エチオピア併合宣言
7・17 スペイン内乱始まる
8・1 ベルリン・オリンピック開幕
10・25 ローマ・ベルリン枢軸結成
12・5 スターリン憲法採択

1937

5・1 中立法拡大、軍需品輸出拡大

10・5 ルーズベルトの「隔離演説」

12・12 米砲艦パネー号撃沈事件

この年、CIO指導下のスト拡大（年間スト件数四四七〇件）

1938

2・16 新農業調整法成立

5・17 海軍拡張法可決

1937

6・4 第一次近衛内閣成立

8・13 日中が上海で衝突

11・6 日独防共協定成立

1938

1・16 第一次近衛声明（「爾後国民政府を相手とせず」）

4・1 国家総動員法公布

10・27 日本軍、武漢三鎮占領

1937

5・28 英、チェンバレン内閣成立

7・7 盧溝橋で軍事衝突（日華事変）

9・23 中国、抗日民族統一戦線結成

12・11 伊、国際連盟脱退

12・13 中国国民政府の南京陥落

1938

2・4 ヒトラー、統帥権掌握

3・14 ヒトラー、オーストリア併合宣言

9・29 ミュンヘン会談

10・27 仏、人民戦線崩壊

11・18 産業別組合会議（CIO）発足

1939

4・1 フランコ政権承認
9・4 欧州大戦に中立を宣言
11・4 中立法の武器禁輸条項撤廃

1940

1・26 日米通商航海条約失効
6・10 中立宣言破棄、非交戦主義表明
6・21 外人登録法公布

1939

第一次近衛内閣総辞職
5・11 ノモンハン事件
10・1 国民徴用令施行

1940

11・9 クリスタルナハト（水晶の夜）

1939

3・28 スペイン内乱終結
8・23 独ソ不可侵条約調印
9・1 独、ポーランド侵攻（第二次大戦始まる）
9・27 ワルシャワ陥落
9・28 独ソ友好条約調印
11・30 ソ連軍、フィンランド侵攻
12・14 国際連盟、ソ連を除名

1940

5・10 チャーチル挙国一致内閣成立
6・14 独軍、パリ占領

9・3 英と防衛協定調印
9・16 平時選抜徴兵法制定
11・5 ルーズベルト、大統領に三選
12・29 炉辺談話「民主主義国の兵器廠に」

1941

1・6 年頭教書で「四つの自由」を発表
3・11 武器貸与法成立
5・27 国家非常事態を宣言
6・14 独伊の在米資産凍結
7・26 在米日本資産凍結
8・1 対日石油輸出の禁止
8・12 米英の大西洋会談
8・14 大西洋憲章発表

7・22 第二次近衛内閣成立
9・23 日本軍、北部仏印進駐
9・27 日独伊三国同盟調印
10・12 大政翼賛会発足

1941

3・3 国家総動員法公布（日米交渉スタート）
4・13 日ソ中立条約調印
7・18 第二次近衛内閣総辞職と同時に第三次内閣成立
10 尾崎（15日）、ゾルゲ（18日）

10・5 独軍、ルーマニア進駐

1941

4・6 独軍、ユーゴ侵攻
5・6 スターリン、ソ連首相に就任
6・22 独軍、ソ連に侵攻

12・8 米英、対日宣戦布告
12・22 英米首脳、戦争指導会議

1942

3・21 議会、日系人強制収容命令承認
6 戦時情報局（ＯＷＩ）発足
8・13 原爆製造のマンハッタン計画開始

1943

1・14 カサブランカ会談（～24）（枢軸国への無条件降伏要求）

ら逮捕
10・18 東条内閣成立
11・26 ハル・ノート手交
12・8 ハワイ真珠湾攻撃

1942

1・2 マニラ占領
2・15 シンガポール占領
4 ドーリットルの東京空襲
4・30 翼賛選挙
6・5 ミッドウェー海戦

1943

2・1 日本軍ガダルカナル撤退

12・11 独伊、対米宣戦布告

1942

8・1 モスクワ会談
8・7 米軍ガダルカナル島上陸
11・8 連合軍、北アフリカ上陸作戦

1943

2・2 スターリングラードで独敗北

6・20 デトロイトで黒人暴動
8・11 第一次ケベック会談（～24）
11・22 カイロ会談（～26）
11・28 テヘラン会談（～12・1）

1944

5・20 共産党解散
8・21 ダンバートン・オークス会議
9・11 ケベック会談（～16）
11・7 ルーズベルト、大統領四選

10・21 出陣学徒の壮行会
11・5 大東亜会議（東京）

1944

1・26 東京などに学童疎開命令
3・8 インパール作戦開始
7・7 サイパン陥落
7・18 東条内閣総辞職
10・24 レイテ沖海戦
11・11 B29による本土爆撃開始

5・13 北アフリカ戦線、独伊軍降伏
5・15 コミンテルン解散
7・25 ムソリーニ逮捕

1944

1・20 レニングラード解放
6・6 連合軍、ノルマンディー上陸
7・1 ブレトンウッズ会議
7・20 ヒトラー爆殺計画失敗
8・25 パリ解放

2・4 ヤルタ会談（〜11）
4・12 ルーズベルト、脳出血で死去
7・16 世界初の原爆実験成功

1945

11・24 B29、東京初空襲
3・9 東京大空襲（〜10）
3・17 硫黄島の日本軍全滅
4・1 米軍、沖縄上陸
8・6 広島に原爆投下
8・9 長崎に原爆投下
8・14 日本、ポツダム宣言受諾
9・2 降伏文書に調印

1945

4・28 ムソリーニ銃殺
4・30 ヒトラー自殺
5・7 独、降伏
6・26 国際連合成立
7・15 ポツダム会談（〜8・2）
8・8 ソ連、対日宣戦布告

参考文献

I. Books:

Adamic, Louis. ***Dinner at the White House***. New York: Harper & Brothers, 1948.

Alperovitz, Gar. ***The Decision to Use the Atomic Bomb and the Architecture of an American Myth***. New York: Alfred A Knopf, 1995.

Anderson, Patrick. ***The Presidents' Men***. Garden City, N.Y.: Doubleday & Co., 1968.

Andrew, Christopher and Vasili Mitrokhin. ***The Sword and the Shield***. New York: Basic Books, 1999.

Asbell, Bernard. ***When F.D.R. Died***. New York: Holt, Rinehart & Winston, 1961.

Baker, Leonard. ***Roosevelt and Pearl Harbor***. New York: Macmillan Company, 1970.

Barone, Michael. ***Our Country: The Shaping of America, From Roosevelt to Reagan***. New York: Free Press, 1990.

Beard, Charles A. ***American Foreign Policy in the Making, 1932-1940: A Study in Responsibilities***. New Haven, Conn.: Yale University Press, 1946.

———. ***President Roosevelt and the Coming of the War, 1941***. New Haven, Conn.: Yale University Press, 1948.

Benson, Robert Louis, and Michael Warner, editors. ***VENONA: Soviet Espionage and the American Response, 1939-57.*** Washington, D.C.: National Security Agency & Central Intelligence Agency, 1996.

Berezhkov, Valetin. ***History in the Making: Memoirs of World War II Diplomacy.*** Moscow: Progress Publishers, 1983.

Berg, A. Scott. ***Lindbergh.*** New York: G.P. Putnam's Sons, 1998.

Bergamini, David. ***Japan's Imperial Conspiracy.*** New York: William Morrow, 1971.

Bishop, Jim. ***FDR's Last Year.*** New York: William Morrow & Co., 1974.

Blum, John Morton. ***From the Morgenthau Diaries, Volume II: Years of Urgency, 1938-41.*** Boston: Houghton Mifflin, 1965

From the Morgenthau Diaries, Volume III: Years of War, 1941-45. Boston: Houghton Mifflin, 1967.

Bohlen, Charles E. ***Witness To History: 1929-1969.*** New York: W.W. Norton, 1973.

Boyd, Carl. ***Hitler's Japanese Confidant.*** Lawrence, Kansas: University Press of Kansas, 1993.

Brackman, Arnold C. ***The Other Nuremburg.*** New York: William Morrow & Co., 1987.

Brandt, Nat. ***Harlem at War: The Black Experience in WWII.*** Syracuse, N.Y.: Syracuse University Press, 1996.

Brereton, Lewis. ***The Brereton Diaries.*** New York: William Morrow & Co., 1946.

Brinkley, David. ***Washington Goes To War.*** New York: Alfred A. Knopf, 1988.

Brown, Anthony Cave, editor. **The Secret War Report of the OSS.** New York: Berkley Publishing Corp., 1976.

Bullitt, William C. ***For the President, Personal and Secret: Correspondence Between Franklin D. Roosevelt and William C. Bullitt.*** Edited by Orville H. Bullitt. Boston: Houghton Mifflin, 1972.

Burns, James MacGregor. ***Roosevelt: The Lion and the Fox.*** New York: Harcourt Brace, 1956.

Butow, Robert J. C. ***Tojo and the Coming of the War.*** Stanford, Ca.: Stanford University Press, 1961.

Byrnes, James. ***Speaking Frankly.*** New York: Harper & Brothers, 1947.

All in One Lifetime, New York: Harper & Brothers, 1958.

Capeci, Dominic J., Jr. ***The Harlem Riot of 1943.*** Philadelphia: Temple University Press, 1977.

Carlson, Evans F. ***Twin Stars Of China.*** New York: Dodd, Mead, & Co., 1940.

Chambers, Whittaker. ***Witness.*** New York: Random House, 1952.

Chang, Iris. ***The Rape of Nanking.*** New York: Penguin Books, 1997.

Childs, Marquis. ***I Write From Washington.*** New York: Harper, 1942.

Churchill, Winston S. ***The Second World War.*** 6 vols. Boston: Houghton Mifflin, 1949-1953.

Cole, Wayne S. ***Roosevelt and the Isolationists, 1932-45.*** Lincoln, Neb.: University of Nebraska Press, 1983.

Cook, Blanche Wiesen. ***Eleanor Roosevelt. Volume II: 1933-1938.*** New York: Viking, 1999.

Craven, Wesley Frank and James Lea Cate. ***The Army Air Forces in World War II. Vol. VI: The Pacific: Guadalcanal to Saipan.*** Chicago: University of Chicago Press, 1983.

Culver, John C. and John Hyde. American Dreamer: The Life and Times of Henry A. Wallace. New York: W.W. Norton, 2000.

Dallek, Robert. ***Franklin D. Roosevelt and American Foreign Policy, 1932-1945.*** New York: Oxford University Press, 1979.

Daniels, Roger, editor. ***Concentration Camps USA: Japanese Americans and World War II.*** New York: Holt, Rinehart and Winston, 1971.

Davis, Burke. ***Get Yamamoto.*** New York: Random House, 1969.

Davis, Forrest and Ernest K. Lindley. ***How War Came.*** New York: Simon & Schuster, 1942.

Davies, John P. *The Dragon By The Tail.* New York: W.W. Norton, 1972.

Davis, Kenneth S. *FDR: The Beckoning of Destiny, 1882-1928.* New York, Putnam, 1971.

FDR: The New York Years, 1928-1933. New York: Random House, 1985.

Deakin, F.W. and G.R. Storry. *The Case of Richard Sorge.* New York: Harper & Row, 1966.

DeLoach, Cartha. *Hoover's FBI.* Washington, D.C.: Regnery Publishers, Inc., 1995.

Department of State. *Peace and War: United States Foreign Policy, 1931-41.* Washington, D.C.: U.S. Government Printing Office, 1943.

Dorn, Frank. *Walkout With Stilwell in Burma.* New York: Thomas Y. Crowell Co., 1971.

Dower, John. *War Without Mercy.* New York: Pantheon, 1986.

Doyle, William. *Inside the Oval Office.* New York: Kodansha America, 1999.

Draper, Theodore. *American Communism and Soviet Russia.* New York: Viking, 1960.

The Roots of American Communism. New York: Viking, 1957.

Eden, Anthony. *The Memoirs of Anthony Eden, Earl of Avon: The Reckoning.* Boston: Houghton Mifflin, 1965.

Eisenhower, Dwight D. *Crusade in Europe.* Garden City, N.Y.: Doubleday & Co., 1948.

Esherick, Joseph W., editor. Lost Chance in China: *The World War II Despatches of John S. Service.* New York: Random House, 1974

Fairbank, John King. *Chinabound: A Fifty-Year Memoir.* New York: Harper & Row, 1982.

Farley, James A. *Jim Farley's Story: The Roosevelt Years.* New York: McGraw-Hill, 1948.

Feis, Herbert. *The China Tangle,* Princeton, N.J.: Princeton University Press, 1953.

The Road the Pearl Harbor. New York: Atheneum, 1962.

Churchill, Roosevelt, Stalin: The War They Waged and the Peace They Sought. Princeton, N.J.:

Princeton University Press, 1967.

Feingold, Henry L. *The Politics of Rescue: The Roosevelt Administration and the Holocaust, 1938-1945.* New Brunswick, N.J.: Rutgers University Press, 1970.

Bearing Witness: How America and Its Jews Responded to the Holocaust. Syracuse, N.Y.: Syracuse University Press, 1995.

Ferrell, Robert H. *American Diplomacy: A History.* New York: W.W. Norton & Co., 1975.

The Dying President: Franklin Roosevelt, 1944-1945. Columbia, Missouri: University of Missouri Press, 1998.

Ferrell, Robert H., editor. *Off the Record: The Private Papers of Harry S. Truman.* New York: Harper & Row, 1980.

Fischer, Louis. *The Road to Yalta: Soviet Foreign Relations, 1941-1945.* New York: Harper & Row, 1972.

Ford, Daniel. *Flying Tigers.* Washington: Smithsonian Institution Press, 1991.

Forrestal, James. *The Forrestal Diaries.* Edited by Walter Millis. New York: Viking Press, 1951.

Freedman, Max. *Roosevelt and Frankfurter: Their Correspondence, 1928-1945.* Boston: Little, Brown & Co., 1967.

Freidel, Frank. *Franklin D. Roosevelt: The Apprenticeship.* Boston: Little, Brown, 1952.

Fried, Albert. *FDR and His Enemies.* New York: St. Martin's Press, 1999.

Communism in America: A History in Documents. New York: Columbia University Press, 1997.

Friedman, Saul S. *No Haven for the Oppressed: United States Policy Toward Jewish Refugees, 1938-1945.* Detroit: Wayne State University Press, 1973.

Flynn, John T. *The Truth About Pearl Harbor.* New York: John T. Flynn, 1944

Galbraith, John Kenneth. *A Life in Our Times.* Boston: Houghton Mifflin, 1981.

Name-dropping. Boston: Houghton Mifflin, 1999.

Gallagher, Hugh Gregory. *FDR's Splendid Deception.* New York: Vandamere Press, 1999.

Gellman, Irwin F. *Secret Affairs: Franklin Roosevelt, Cordell Hull, and Sumner Welles.* Baltimore, Md.: Johns Hopkins University Press, 1995.

Gentry, Curt. J. Edgar Hoover: The Man and the Secrets. New York: W.W. Norton, 1991.

Glines, Carroll V. *Attack on Yamamoto.* New York: Orion Books, 1990.

Goodman, David G. and Masanori Miyazawa. *Jews in the Japanese Mind.* New York: The Free Press, 1995.

Goodwin, Doris Kearns. *No Ordinary Time.* New York: Touchstone, 1994.

Graham, Otis L., Jr. and Meghan Robinson Wander. *Franklin D. Roosevelt: His Life and Times, An Encyclopedic View.* Boston: G.K. Hall & Co., 1985.

Greenstein, Fred I. *The Hidden-Hand Presidency: Eisenhower as Leader.* New York: Basic Books, 1982.

Grew, Joseph C. *Ten Years in Japan.* New York: Simon & Schuster, 1944.

Turbulent Era: A Diplomatic Record of Forty Years, 1904-1945. Boston: Houghton Mifflin, 1952.

Griffith, Thomas. *Harry and Teddy.* New York: Random House, 1995.

Gromyko, Andrei. *Memoirs.* New York: Doubleday & Co., 1990.

Gunther, John. *Roosevelt in Retrospect.* New York: Harper & Row, 1950.

The Riddle of MacArthur, New York: Harper & Row, 1951.

Hagan, Kenneth J. *The People's Navy: The Making of America's Sea Power.* New York: Free Press, 1991.

Hagan, Kenneth J., editor. *In Peace and War: Interpretations of American Naval History, 1775-1978.*

Westport, Conn.: Greenwood Press, 1978.

Haig, Alexander M., Jr. with Charles McCarry. ***Inner Circles: How America Changed the World.*** New York, Warner Books, 1992.

Hall, R. Cargill. ***Lightning Over Bougainville. Washington,*** D.C.: Smithsonian Institution Press, 1991.

Harriman, W. Averell and Elie Abel. ***Special Envoy to Churchill and Stalin, 1941-1946.*** New York: Random House, 1975.

Hart, John. ***The Presidential Branch, From Washington to Clinton.*** Chatham, N.J.: Chatham House Publishers, 1995.

Hassett, William D. ***Off the Record with F.D.R.*** New Brunswick, N.J. Rutgers University Press, 1958.

Haynes, John Earl and Harvey Klehr. ***Venona: Decoding Soviet Espionage in America.*** New Haven: Yale University Press, 1999.

Heinrichs, Waldo. ***Threshold of War: Franklin D. Roosevelt and American Entry into World War II.*** New York: Oxford University Press, 1988.

Hiss, Alger. ***Recollections of a Life.*** New York: Seaver Books/Henry Holt, 1988.

Hoff-Wilson, Joan and Marjorie Lightman, editors. ***Without Precedent: The Life and Career of Eleanor Roosevelt.*** Bloomington, Ind.: Indiana University Press, 1984.

Honan, William H. ***Visions of Infamy.*** New York: St. Martin's Press, 1991.

Hoover, Herbert. ***The Memoirs of Herbert Hoover: The Cabinet and the Presidency, 1920-1933.*** New York: Macmillan, 1952.

Hoover, J. Edgar. ***Masters of Deceit.*** New York: Henry Holt, 1958.

Hopkins, June. ***Harry Hopkins: Sudden Hero, Brash Reformer.*** New York: St. Martin's Press, 1999.

Hoopes, Roy. *Americans Remember the Home Front: An Oral Narrative.* New York: Hawthorn Books, 1977.

Hull, Cordell. *The Memoirs of Cordell Hull.* 2 vols. New York: Macmillan Co., 1948

Hoyt, Edwin P. *Yamamoto: The Man Who Planned Pearl Harbor.* New York: McGraw-Hill, 1990.

Ickes, Harold L. *The Secret Diaries of Harold L. Ickes.* 3 vols. New York: Simon & Schuster, 1953-55.

James, Clayton D. *The Years of MacArthur.* 2 vols. Boston: Houghton Mifflin, 1975.

Jespersen, T. Christopher. *American Images of China,* 1931-1949. Stanford, Ca.: Stanford University Press, 1996.

Johnson, Chalmers. *An Instance of Treason: Ozaki Hotsumi and the Sorge Spy Ring.* Stanford, Ca.: Stanford University Press, 1984.

Kelly, Frank and Cornelius Ryan. *MacArthur: Man of Action.* Garden City, N.Y.: Doubleday, 1950.

Kennan, George F. *Memoirs, 1925-1950.* New York: Pantheon Books, 1967.

Kennedy, David M. *Freedom From Fear: The American People in Depression and War, 1929-1945.* New York: Oxford University Press, 1999.

Kenney, George C. *General Kenney Reports: A Personal History of the Pacific War.* New York: Duell, Sloan and Pearce, 1949.

Kimball, Warren F. *The Juggler: Franklin Roosevelt as Wartime Statesman.* Princeton, N.J.: Princeton University Press, 1991.

Kimmel, Husband E. *Admiral Kimmel's Story.* Chicago: Henry Regnery Co., 1955.

Kissinger, Henry. *Diplomacy.* New York: Simon & Schuster, 1994.

Klehr, Harvey, John Earl Haynes, and Fridrikh Igorevich Firsov. *The Secret World of American Communism.* New Haven, Conn.: Yale University Press, 1995.

Klehr, Harvey, John Earl Haynes, and Kyrill M. Anderson. ***The Soviet World of American Communism.*** New Haven, Conn.: Yale University Press, 1998.

Klehr, Harvey and Ronald Radosh. ***The Amerasia Spy Case: Prelude to McCarthyism.*** Chapel Hill: University of North Carolina Press, 1996.

Knox, Dudley W. ***A History of the United States Navy.*** New York: G.P. Putnam's Sons, 1936.

Krock, Arthur. ***Memoirs: Sixty Years on the Firing Line.*** Funk & Wagnalls, 1968.

Langer, William L. and Everett S. Gleason. ***The Challenge to Isolation.*** New York: Harper & Brothers, 1952.

Undeclared War: 1940-1941. New York: Harper & Row, 1953

Lash, Joseph P. ***Eleanor and Franklin: The Story of their Relationship.*** New York: W.W. Norton, 1971.

Roosevelt and Churchill: 1939-1941: The Partnership That Saved The World. New York: W.W. Norton & Co., 1976.

Love, Eleanor: Eleanor Roosevelt and Her Friends. New York: Doubleday & Co., 1982.

Lattimore, Owen. ***Solution in Asia.*** Boston: Little, Brown & Co., 1945.

China Memoirs. Compiled by Fujiko Isono. Tokyo: Tokyo University Press, 1990.

Layton, Edwin with Roger Pineau and John Costello. ***And I Was There.*** New York: William Morrow, 1985.

Lea, Homer. ***The Valor of Ignorance.*** New York: Harper & Brothers, 1909.

Leahy, William D. ***I Was There.*** New York: McGraw-Hill, 1950.

Leffler, Melvyn P. ***A Preponderance of Power: National Security, the Truman Administration and the Cold War.*** Stanford, Ca.: Stanford University Press, 1992.

Leuchtenburg, William E. ***Franklin D. Roosevelt and the New Deal.*** New York: Harper & Row, 1963.

Lindbergh, Anne M. ***The Wave of the Future.*** New York: Harcourt Brace & Co., 1940.

Lindbergh, Charles A. ***The Wartime Journals of Charles A. Lindbergh.*** New York: Harcourt, Brace, Jovanovich, 1970.

——. ***Autobiography of Values,*** New York: Harcourt, Brace, Jovanovich, 1977.

Love, Robert W., Jr., editor. ***Pearl Harbor Revisited.*** New York: St. Martin's Press, 1995.

Manchester, William R. ***American Caesar.*** Boston: Little, Brown & Co., 1978.

Marshall, George C. ***The Papers of George Catlett Marshall. Vol. II: "We Can't Delay", July 1, 1939-Dec. 6, 1941.*** Edited by Larry I. Bland. Baltimore: Johns Hopkins University Press, 1986.

MacArthur, Douglas. ***Reminiscences.*** New York: McGraw-Hill, 1964.

McBride, Joseph. ***Frank Capra: The Catastrophe of Success.*** New York: Simon & Schuster, 1992.

McCullough, David. ***Truman.*** New York: Touchstone, 1992.

McGlothlen, Ronald L. ***Controlling the Waves: Dean Acheson and Foreign Policy in Asia.*** New York: W.W. Norton, 1993.

McIntire, Ross. ***White House Physician.*** New York: Putnam, 1946.

McJimsey, George. ***Harry Hopkins: Ally of the Poor and Defender of Democracy.*** Cambridge, Mass.: Harvard University Press, 1987.

MacKinnon, Janice R. and Stephen R. MacKinnon. ***Agnes Smedley: The Life and Times of an American Radical.*** Los Angeles: University of California Press, 1988.

Merritt, Richard L. ***Democracy Imposed: U.S. Occupation Policy and the German Public, 1945-49.*** New Haven, Conn.: Yale University Press, 1995.

Miller, Edward S. ***War Plan Orange: The U.S. Strategy to Defeat Japan, 1897-1945.*** Annapolis, Md.: Naval Institute Press, 1991.

Moley, Raymond. *After Seven Years.* New York: Harper & Brothers, 1939.

Morgan, Ted. FDR: *A Biography.* New York: Simon & Schuster, 1985.

Morgenstern, George. *Pearl Harbor: The Story of the Secret War.* New York: Devin-Adair Company, 1947.

Morison, Samuel Eliot. *The History of United States Naval Operations in World War II: Vol. III, The Rising Sun in the Pacific & Vol. VI, Breaking the Bismarcks Barrier.* Boston: Little, Brown & Co., 1948.

Morse, Arthur D. *While Six Million Died: A Chronicle of American Apathy.* Woodstock, N.Y.: The Overlook Press, 1998.

Morton, Louis. *The Fall of the Philippines.* Washington, D.C.: Office of the Chief of Military History, Department of the Army, 1953.

Morton, William Fitch. *Tanaka Giichi and Japan's China Policy.* New York: St. Martin's Press, 1980.

Nagao, Ryuichi. *Owen Lattimore.* Tokyo, Japan: Shinzansha, 2000.

Neils, Patricia. *China Images in the Life and Times of Henry Luce.* Savage, Md., Rowman and Littlefield Publishers, 1990.

Neustadt, Richard. *Presidential Power and the Modern Presidents.* New York: The Free Press, 1990.

Newman, Robert P. *Owen Lattimore and the "Loss" of China.* Berkeley: University of California Press, 1992.

Newton, Verne W., ed. *FDR and the Holocaust.* New York: St. Martin's Press, 1996.

Nisbet, Robert. *Roosevelt and Stalin: The Failed Courtship.* Washington, D.C.: Regnery Gateway, 1988.

Nixon, Edgar B., editor. *Franklin D. Roosevelt and Foreign Affairs.* 3 vols. January 1933-January 1937. Cambridge, Mass.: The Belknap Press of Harvard University Press, 1969.

Perkins, Frances. *The Roosevelt I Knew.* New York: Viking Press, 1946.

Perrett, Geoffrey. *Old Soldiers Never Die: The Life of Douglas MacArthur.* New York: Random House, 1996.

Pogue, Forrest C. *George C. Marshall: Ordeal and Hope, 1939-1942.* New York: Viking, 1986.

George C. Marshall: Statesman, 1945-1959. New York: Viking, 1987.

Potter, E.B., editor. *Sea Power: A Naval History.* Annapolis, Md.: Naval Institute Press, 1960.

Prange, Gordon W. *Pearl Harbor: The Verdict of History.* New York: McGraw-Hill, 1986.

At Dawn We Slept: The Untold Story of Pearl Harbor. New York: Penguin Books, 1991.

Target Tokyo: The Story of the Sorge Spy Ring. New York: McGraw-Hill, 1984.

Primakov, E.M., chief editor. *Essays on the History of Russian Foreign Intelligence.* Moscow: International Relations Publishers, 1997. (Russian edition.)

Rand, Peter. *China Hands: The Adventures and Ordeals of the American Journalists Who Joined Forces with the Great Chinese Revolution.* New York: Simon & Schuster, 1995.

Rauch, Basil. *Roosevelt From Munich to Pearl Harbor.* New York: Creative Age Press, 1950.

Reel, A. Frank. *The Case of General Yamashita.* Chicago: University of Chicago Press, 1949.

Rees, David. *Harry Dexter White: A Study in Paradox.* New York: Coward, McCann and Geoghegan, 1973.

Reilly, Michael. *Reilly of the White House.* New York: Simon & Schuster, 1947.

Reischauer, Haru Matsukata. *Samurai and Silk: A Japanese and American Heritage.* Cambridge, Ma.: Belknap Press of Harvard University Press, 1986.

Rhodes, Richard. *The Making of the Atomic Bomb.* New York, Simon & Schuster, 1986.

Robertson, David. *Sly and Able: A Political Biography of James F. Byrnes.* New York: W.W. Norton, 1994.

Rollins, Alfred B., Jr. *Roosevelt and Howe.* New York: Alfred A. Knopf, 1962.

Romerstein, Herbert and Stanislav Levchenko. *The KGB Against the "Main Enemy": How the Soviet Intelligence Service Operates Against the United States.* Lexington, Mass.: Lexington Books, 1989.

Roosevelt, Eleanor. ***This I Remember.*** New York: Harper & Brothers, 1949.

The Autobiography of Eleanor Roosevelt. New York: Da Capo Press, 1992.

Roosevelt, Elliott. ***As He Saw It.*** New York: Duell, Sloane & Pearce, 1946.

Roosevelt, Franklin D. ***FDR: His Personal Letters, Vol. I, The Early Years.*** Edited by Elliott Roosevelt. New York: Duell, Sloane & Pearce, 1947.

F.D.R. Columnist: The Uncollected Columns of Franklin D. Roosevelt. Edited by Donald Scott Carmichael. Chicago: Pelligrini & Cudahy, 1947.

Public Papers and Addresses of Franklin D. Roosevelt. Edited by Samuel I. Rosenman. 1937-40, 4 vols. New York: Macmillan, 1941. 1941-1945, 4 vols. New York: Harper, 1950.

Roosevelt, James and Sidney Schalett. ***Affectionately, F.D.R.: A Son's Story of a Lonely Man.*** New York: Harcourt, Brace, 1959.

Rosenman, Samuel I. ***Working With Roosevelt.*** New York: Harper, 1952.

Roth, Andrew. Dilemma in Japan. Boston: Little, Brown & Co., 1945.

Rusk, Dean. ***As I Saw It.*** New York: W.W. Norton, 1990.

Safire, William. ***Safire's New Political Dictionary.*** New York: Random House, 1993.

Sainsbury, Keith. ***Churchill and Roosevelt at War.*** New York: New York University Press. 1994.

Sandilands, Roger J. ***The Life and Political Economy of Lauchlin Currie: New Dealer, Presidential Adviser and Developmental Economist.*** Durham, N.C.: Duke University Press, 1990.

Schaller, Michael. ***The U.S. Crusade in China, 1938-1945.*** New York: Columbia University Press, 1979.

Douglas MacArthur: The Far Eastern General. New York: Oxford University Press, 1989.

The United States and China in the Twentieth Century. New York: Oxford University Press,

1990
Schlesinger, Arthur M., Jr. *The Coming of the New Deal.* Boston: Houghton Mifflin, 1959.
Crisis of the Old Order. Boston: Houghton Mifflin, 1956.
The Politics of Upheaval. Boston: Houghton Mifflin, 1960.
Seagrave, Sterling. *The Soong Dynasty.* New York: Harper & Row, 1985.
Seale, William. *The White House: The History of An American Idea.* Washington, D.C.: The American Institute of Architects Press, 1992.
Sebald, William J. *With MacArthur in Japan.* New York: W.W. Norton, 1965.
Sherwood, Robert E. *Roosevelt and Hopkins: An Intimate History.* New York: Harper & Brothers, 1948.
Shigemitsu, Mamoru. *Japan and Her Destiny: My Struggle for Peace.* New York: E.P. Dutton, 1958.
Simpson, Colin. *The Lusitania.* Boston: Little, Brown & Co., 1972.
Sitkoff, Harvard. *A New Deal for Blacks: The Emergence of Civil Rights as a National Issue, Volume I: The Depression Decade.* New York: Oxford University Press, 1978.
Smith, A. Merriman. *Thank You, Mr. President: A White House Notebook.* New York: Harper, 1946.
Snow, Edgar. *Journey to the Beginning.* New York: Random House, 1958
Red Star Over China. New York: Random House, 1938.
Stettinius, Edward R., Jr. *Roosevelt and the Russians.* Garden City, N.Y.: Doubleday, 1949.
The Diaries of Edward R. Stettinius, Jr., 1943-46. Edited by Thomas M. Campbell and George C. Herring. New York: New Viewpoints, 1975.
Smith, Richard Norton. *An Uncommon Man: The Triumph of Herbert Hoover.* New York: Simon & Schuster, 1984.

Stevenson, William. ***A Man Called Intrepid.*** New York: Ballantine Books, 1976.

Stilwell, Joseph W. ***The Stilwell Papers.*** Edited by Theodore H. White. New York: Da Capo Press, 1991.

Stimson, Henry L. and McGeorge Bundy. ***On Active Service in Peace and War.*** New York: Harper & Brothers, 1948.

Stinnet, Robert B. ***Day of Deceit: The Truth about FDR and Pearl Harbor.*** New York: Free Press, 2000.

Strout, Richard L. ***TRB: Views and Perspectives on the Presidency.*** New York: Macmillan, 1979.

Swanberg, W.A. ***Luce and His Empire.*** New York: Charles Scribner's Sons, 1972.

Tanenhaus, Sam. ***Whittaker Chambers: A Biography.*** New York: Random House, 1997.

Tansill, Charles Callan. ***Back Door to War: The Roosevelt Foreign Policy, 1933-1941.*** Chicago: Henry Regnery, 1952.

Terkel, Studs. ***The Good War: An Oral History of World War II.*** New York: Pantheon, 1984.

Theobald, Robert A. ***The Final Secret of Pearl Harbor.*** New York: Devin-Adair Co., 1954.

Theoharis, Athan G. and John Stuart Cox. ***The Boss: J. Edgar Hoover and the Great American Inquisition.*** Philadelphia: Temple University Press, 1988.

Thomas, Gordon and Max Morgan Witts. ***Voyage of the Damned.*** New York: Stein and Day, 1974.

Thorne, Christopher. ***Allies of a Kind: The United States, Britain and the War Against Japan, 1941-1945.*** New York: Oxford University Press, 1978.

Thornton, Richard C. ***China: A Political History, 1917-1980.*** Boulder, Co.: Westview Press, 1982.

Toland, John. ***Infamy: Pearl Harbor & Its Aftermath.*** New York: Doubleday & Co., 1982.

The Rising Sun. New York: Random House, 1970.

Tolischus, Otto D. ***Through Japanese Eyes.*** New York: Reynal & Hitchcock, 1945.

Trefousse, Hans Louis, editor. ***What Happened at Pearl Harbor.*** New York: Twayne Publishing, 1958.

Truman, Harry S. ***Memoirs of Harry S. Truman. Volume II: Years of Trial and Hope.*** Garden City, N.Y.: Doubleday & Co., 1956

Tuchman, Barbara. ***Stilwell and the American Experience in China.*** New York: Bantam Books, 1972.

Notes From China. New York: Collier Books, 1972.

Tugwell, Rexford G. ***The Democratic Roosevelt: A Biography of Franklin D. Roosevelt.*** Garden City, N.Y.: Doubleday, 1957.

Tully, Grace. ***F.D.R., My Boss.*** New York: Charles Scribner's Sons, 1949.

Truman, Harry S. ***Memoirs. Vol. II: Year of Decisions.*** New York: Doubleday, 1955.

United States. Department of Interior, War Agency Liquidation Unit. ***People in Motion: The Postwar Adjustment of the Evacuated Japanese Americans.*** Washington, D.C.: U.S. Government Printing Office, 1947.

United States. Department of State. ***Peace and War: United States Foreign Policy, 1931-1941.*** Washington, D.C.: U.S. Government Printing Office, 1943.

United States. Department of State. ***Foreign Relations of the United States: Diplomatic Papers. 1941, Vol. I.,*** Russia. Washington, D.C.: U.S. Government Printing Office, 1958.

United States. Department of State. ***Foreign Relations of the United States: Diplomatic Papers. 1941, Vol. IV. The Far East.*** Washington, D.C.: U.S. Government Printing Office, 1958.

United States. Department of State. ***Foreign Relations of the United States: Diplomatic Papers. The Conferences at Cairo and Tehran, 1943.*** Washington, D.C.: U.S. Government Printing Office, 1961.

United States. Department of State. ***Foreign Relations of the United States: Diplomatic Papers. The Conference*** *of Berlin, 1945.* 2 vols. Washington, D.C.: U.S. Government Printing Office, 1960.

United States. Department of State. ***Foreign Relations of the United States: Diplomatic Papers. Conferences at Washington and Quebec, 1943.*** Washington, D.C.: U.S. Government Printing Office, 1970.

United States. 73rd Congress, House of Representatives, Special Committee on Un-American Activities. ***Investigation of Nazi Propaganda Activities and Investigation of Certain Other Propaganda Activities.*** Washington, D.C.: U.S. Government Printing Office, 1934.

United States. 79th Congress, Joint Committee on the Investigation of the Pearl Harbor Attack. ***Pearl Harbor Attack.*** Washington, D.C.: U.S. Government Printing Office, 1946.

United States. 82nd Congress. Senate, Committee on the Judiciary, Internal Security Subcommittee. ***Institute of Pacific Relations.*** July 25-August 7, 1951. Washington, D.C.: U.S. Government Printing House, 1951-52.

United States. 83rd Congress. Senate, Committee on the Judiciary, Internal Security Subcommittee. ***Interlocking Subversion in Government Departments.*** Washington, D.C.: U.S. Government Printing House, 1953-1957.

United States. 91st Congress. U.S. Senate. Judiciary Committee. Subcommittee to Investigate the Administration of the Internal Security Act and Other Internal Security Laws. ***The Amerasia Papers: A Clue to the Catastrophe of China.*** 2 vols. Washington, D.C.: U.S. Government Printing Office, 1970.

Utley, Jonathan G. ***Going to War With Japan, 1937-1941.*** Knoxville, Tenn.: University of Tennessee Press, 1985.

Vandenberg, Arthur H., Jr. ***The Private Papers of Senator Vandenberg.*** Boston: Houghton Mifflin, 1952.

Varg, Paul A. Missionaries, ***Chinese and Diplomats: The American Protestant Missionary Movement in China, 1890-1952.*** Princeton, N.J.: Princeton University Press, 1958.

Vatter, Harold G. ***The U.S. Economy in World War II.*** New York: Columbia University Press, 1985.

Wallin, Homer N. *Pearl Harbor: Why, How, Fleet Salvage, and Final Appraisal.* Washington, D.C.: U.S. Government Printing Office, 1968.

Ward, Geoffrey C., editor. *Closest Companion: The Unknown Story of the Intimate Friendship between Franklin Roosevelt and Margaret Suckley.* Boston: Houghton Mifflin Company, 1995.

Ward, Geoffrey C. *Before the Trumpet: Young Franklin Roosevelt, 1882-1905.* New York: Perennial Library, 1986.

A First Class Temperament: The Emergence of Franklin Roosevelt. New York: Harper & Row, 1989.

Watkins, T.H. *Righteous Pilgrim: The Life and Times of Harold L. Ickes, 1874-1952.* New York: Henry Holt, 1990.

Wedemeyer, Albert. *Wedemeyer Reports!* New York: Henry Holt & Co., 1958.

Weglyn, Michi Nishiura. *Years of Infamy: The Untold Story of America's Concentration Camps.* Seattle: University of Washington Press, 1996.

Weinstein, Allen. *Perjury: The Hiss-Chambers Case.* New York: Knopf, 1978.

Weinstein, Allen and Alexander Vassiliev. *The Haunted Wood. New York:* Random House, 1999.

Welles, Sumner. *The Time for Decision.* New York: Harper, 1944.

Westcott, Allan, editor. *American Sea Power Since 1775.* New York: J.B. Lippincott, 1947.

White, Graham J. *FDR and the Press.* Chicago: University of Chicago Press, 1979.

White, Theodore H. *In Search of History.* New York: Harper, 1978.

White, Theodore H. *Theodore H. White At Large: The Best of His Magazine Writing, 1939-1986.* New York: Pantheon, 1992.

White, Theodore H. and Annalee Jacoby. ***Thunder Out of China.*** New York: William Sloane Associates, 1946.

Willoughby, Westel W. ***Japan's Case Examined.*** Baltimore, Md.: Johns Hopkins Press, 1940.

Willoughby, Charles A. ***Shanghai Conspiracy.*** New York: Dutton, 1952.

Wilson, Theodore. ***The First Summit: Roosevelt and Churchill at Placentia Bay, 1941.*** Boston: Houghton Mifflin, 1969.

Winchell, Walter. ***Winchell Exclusive.*** Englewood Cliffs, N.J.: Prentice-Hall, Inc., 1975.

Wyman, David S. ***The Abandonment of the Jews: America and the Holocaust, 1941-1945.*** New York: Pantheon, 1984.

Yergin, Daniel. ***Shattered Peace: The Origins of the Cold War and the National Security State.*** Boston: Houghton Mifflin, 1977.

Yu, Maochun. ***OSS in China: Prelude to Cold War.*** New Haven, Conn.: Yale University Press, 1996.

Zacharias, Ellis M. ***Secret Missions: The Story of an Intelligence Officer.*** New York: G.P. Putnam's Sons, 1946.

Behind Closed Doors: The Secret History of the Cold War. New York: G.P. Putnam's Sons, 1950.

Zink, Harold. ***The United States in Germany, 1944-55.*** New York: D. Van Nostrand Co., 1957.

II. Periodicals:

Butow, Robert J.C. "The F.D.R.Tapes", American Heritage, Vol. 33, No. 2, February-March, 1982, pp. 8-24.

Cochran, Robert T. "Smedley Butler: A Pint-Size Marine for All Seasons". ***Smithsonian,*** Vol. 15, No. 3, June

1984, pp. 137-156.

Mark, Eduard. "Venona's Source 19 and the "Trident" Conference of 1943: Diplomacy or Espionage?" ***Intelligence and National Security***, Vol. 13, No. 2 (Summer 1998), pp. 1-31.

Warner, Michael and Robert Louis Benson. "Venona and Beyond: Thoughts on Work Undone". ***Intelligence and National Security***, Vol. 12, No. 3, July, 1997, pp. 1-13.

Yu, Maochun. "Chen Hangsheng's Memoirs and Chinese Communist Espionage". ***Cold War International History Project Bulletin***, Issues 6-7, Winter 1995-1996, pp. 274-6.

ワトソン，パー（Edwin Pa Watson, 1883.12.10〜1945.2.20）
ルーズベルト大統領の軍事顧問だが、実際には大統領秘書のような役割を果たした。ルーズベルトの長男、ジェームズが1933年以来、大統領秘書だったが、39年にジェームズが病気で辞任を余儀なくされると、ワトソンがその後を継いだ。その後は単なる大統領秘書以上の側近となり、ルーズベルトに最も近い存在となった。ヤルタ会談後、帰国途上の米艦船上で脳卒中のため急死。ワトソンを失ったルーズベルトも急激に健康を害した。

軍次官補の要職に就く。このとき、米海軍内に伝統的に強かった太平洋での日本脅威論を身をもって体験する。21年、カナダの別荘で夏季保養中、小児麻痺に感染して下半身不随になるが、28年ニューヨーク州知事に当選して政界復帰に成功する。その年から深刻になった大恐慌で社会不安が深まるのを背景に今度は大統領選に出馬し、32年11月、現職のハーバート・フーバー大統領を破って第32代米大統領に就任。ジョージア州ウォームスプリングズで死亡するまで12年間、大統領職にあったルーズベルトは、米国史上最長の在任期間を誇った。また、4期当選は2期以上大統領職に就かないというジョージ・ワシントン初代大統領以来の慣習を破るものだった。ルーズベルト時代は大恐慌、第二次大戦という建国以来の危機を背景にしており、結果的にだが、戦争突入によって米国はその危機を克服した。また、大恐慌克服のために実施したニューディール政策は、米国初の社会保障制度を確立するなどの影響を残した。ルーズベルトは戦争を通じて米国が世界国家となる土台を築き、20世紀を「アメリカの世紀」とした。2000年を記念して米歴史家はルーズベルトをアブラハム・リンカーンに次いで第2位の偉大な大統領に選び、雑誌タイムは「世紀の政治家」にルーズベルトを選んだ。

レーヒー，ウィリアム（William D. Leahy, 1875.5.6～1959.7.20）

米国の海軍軍人。アナポリス海軍士官学校を卒業後、順調に海軍幹部の道を歩み、1937年から39年まで米海軍作戦部長。40～41年、フランス・ビシー政権の米駐仏大使を務める。その後、ルーズベルトに請われて大統領特別補佐官となり、トルーマン政権になったあと49年までその職にあった。ルーズベルト政権では主に軍事戦略面で大統領を補佐し、ヤルタ会談にも同席した。

【ワ―ヲ】

の部隊に配属される。55〜67年、米下院議員。４度に及ぶ離婚歴。

ルーズベルト，セオドア（Theodore Roosevelt, 1858.10.27〜1919.1.6）
1880年、ハーバード大学卒業。97〜98年、海軍次官補だった時に米西戦争が勃発し、次官補を辞任してキューバ遠征志願軍を率いて戦争に参加した。帰国後、ニューヨーク州知事。1901年、副大統領になるが、マッキンレー大統領が暗殺されたのに伴い第26代大統領に就任。05年には日露戦争でポーツマスの日露協議を仲介し、和平条約調印にこぎ着ける。フランクリン・ルーズベルトの妻、エレノアの父はセオドアの実弟。フランクリンは人気大統領だったセオドアを常に意識し、尊敬していた。共和党員だが、12年には共和党を離党し、進歩党を結成して同党大統領候補になる。

ルーズベルト，フランクリン・デラノ（Franklin Delano Roosevelt, 1882.1.30〜1945.4.12）
米国の政治家。ニューヨーク州ハイドパークの資産家、ルーズベルト家の一人息子として生まれた。1896年に名門進学校グロートンに入るまではハイドパークの邸宅で家庭教師による教育を受ける。1900年、ハーバード大に進学したが、その年、父、ジェームズが亡くなり、その後はますます気丈な母親、セーラの強い影響を受けることになる。03年、ハーバード大学を３年で卒業した後、ルーズベルト家の遠縁にあたるエレノアと婚約する。セーラの説得で結婚を２年間遅らせた後、コロンビア大学法学院に入学。05年、エレノアと結婚する。結婚式にはエレノアの叔父にあたる当時の大統領、セオドア・ルーズベルトが出席する。07年、弁護士資格を取得してニューヨークの法律事務所に就職。ハーバード大学時代から「将来、大統領になる」と宣言していたルーズベルトは10年、ニューヨーク州上院議員に当選することで政界デビューを果たす。その後、ウッドロー・ウィルソン大統領支持を明確にし、31歳の若さで海軍省海

動を知るうえで数少ない一次資料を提供した。５度の離婚歴。

ルーズベルト，エレノア（Anna Eleanor Roosevelt, 1884.10.11～1962.11.7）
父は第26代大統領セオドア・ルーズベルトの実弟、エリオット・ルーズベルト。父は勝手気ままな性格で、母親は厳格な性格のため不幸な子供時代を送る。父のアルコール依存症が原因で、弟とともに祖母に預けられた。英国寄宿学校の教育で強い性格を養い、ニューヨークに戻った後は上流階級の社交界に批判的になる。フランクリン・ルーズベルトと結婚後、ルーズベルトの母親、セーラの厳しい監視を受ける。1918年、夫の不倫を知り、家庭の妻という立場を捨てる決意をする。それ以降、ルーズベルト夫妻の関係は政治的同志のようなものになり、夫婦関係は実質上、消滅する。ファーストレディー（大統領夫人）になってからは、社会奉仕や公民権運動に貢献する。また、歩けないルーズベルト大統領の「目と耳」の役割を果たすため全米を駆けめぐった。その間、元米共産党員だったジョセフ・ラッシュとの深い関係が暴露され、ＦＢＩの監視を受けるなどのスキャンダルにも見舞われる。夫の死後も公民権運動などを繰り広げ、戦後の初代米国連大使に任命された。国連大使時代にソ連代表への不信感を強め、冷戦におけるソ連との対決を支持した。また、イスラエル建国の強い支持者でもあった。

ルーズベルト，ジェームズ（James Roosevelt, 1907.12.23～1991.8.15）
ルーズベルト大統領夫妻の長男。父親と同じグロートン校、ハーバード大で教育を受け、卒業後は保険会社に勤務。32年の大統領選キャンペーンで選挙参謀をし、33年には大統領私的アドバイザーとなる。37年10月、ルーズベルトはジェームズを20に及ぶ連邦政府機関の調整担当官に任命するなど登用したたため、米議会の批判にさらされる。この結果、38年暮れに政府職員を辞任。40年11月、米海兵隊に入隊。父親の手配で、大統領の信任厚いエバンズ・カールソン空軍(予備役)准将に任官される。

ルーズ，ヘンリー(Henry R. Luce, 1898.4.3～1967.2.28)
米国のジャーナリスト。エール大学卒業。1923年、大学時代の友人とウイークリー・ニュースマガジン「タイム」誌を共同創刊、今日のタイム社を築いた。30年「フォーチュン」誌、36年「ライフ」誌などを創刊し、政治・経済・文化面での指導的記事を掲載した。中国の米国人宣教師の家庭に生まれ、親中国の立場を取り続けた。とりわけ中国国民政府の蔣介石夫妻を強く支持し、その半面、日本に対しては厳しい論調を展開した。20世紀を「アメリカの世紀」と呼んだのはルースが最初。

ルーズベルト，アンナ(Anna Eleanor Roosevelt, 1906.5.3～1975.12.1)
ルーズベルト大統領夫妻の長女。1926年にニューヨークの株式取引業者と結婚するが、30年に離婚し、35年に新聞記者と再婚する。44年初め、夫が海外勤務となったのを機会に父親の願いを受け入れホワイトハウスに住み込み、大統領私設秘書のような役割を演じる。ルーズベルトはその頃、ラハンドという親しい秘書を亡くしており、これ以降、身の回りの世話など全ての面でアンナに頼り切ることになる。45年２月の米英ソ首脳のヤルタ会談には母エレノアの代わりにアンナが同行した。49年に離婚、52年に再婚した。

ルーズベルト，エリオット(Elliott Roosevelt, 1910.9.23～1990.10.27)
ルーズベルト大統領の次男として生まれる。ルーズベルト家の慣習であるハーバード大への進学を拒否するなど父親の悩みのタネだった。1940年、米陸軍航空隊に入隊し、ルーズベルトを喜ばせる。その後はカサブランカ会談やカイロ会談に同行するなど大統領に重用される。その頃の大統領との会話を記録した*As He Saw It* は戦後ベストセラーとなっただけでなく、ルーズベルト大統領の飾らない言

リッベントロップ，ヨアヒム・フォン(Joachim von Ribbentrop, 1893.4.30～1946.10.16)

ドイツの外交官。軍人の子として生まれる。第一次大戦では騎兵として従軍、戦後はワイン商として成功。32年ナチスに入党してヒトラーに重用され、「リッベントロップ機関」をつくって独自の外交を展開した。35年以後は全権大使となり、駐英大使を経て38～45年外相を務めた。この間、オーストリアとチェコスロバキアの併合など領土拡張計画の立案・実行に携わった。戦後のニュルンベルク裁判で絞首刑。

リトビノフ，マキシム(Makisim M. Litvinov, 1876.7.17～1951.12.31)

ソ連の外交官。十月革命直後、ソ連のロンドン代表。1930～39年、ソ連外務人民委員(外相)。34年、ルーズベルト大統領の指示で米ソ国交正常化交渉が始まった際、リトビノフはソ連側代表で、コーデル・ハル国務長官が米側を代表した。リトビノフはユダヤ系ロシア人で、ナチスドイツに強い嫌悪を抱いていたため、独ソ不可侵条約が結ばれた頃、スターリンによって外相を解任された。しかし、独ソ戦が始まると現役復帰し、41年11月～43年８月、ソ連最初の駐米大使となった。

リンドバーグ，チャールズ(Charles A. Lindbergh, 1902.2.4～1974.8.26)

米国の飛行家。ウィスコンシン大学を中退し、ネブラスカ州リンカーンの航空学校で飛行技術を学ぶ。27年、「スピリット・オブ・セントルイス号」で世界初の単独大西洋横断に成功し、一躍国民的英雄となる。32年３月、長男が誘拐、殺害されたのを機に欧州在住。帰国後は欧州戦線への参戦反対運動を展開し、孤立主義の「アメリカ・ファースト協会」の有力メンバーとなる。ルーズベルト政権からは「親ドイツ派」と非難される。54年、アイゼンハワー大統領によって関係を公式に否定した。

ラティモア，オーウェン（Owen Lattimore, 1900.7.29～1989.5.31）
米国のアジア研究家。誕生の翌年、父親が中国·清朝が新設した欧風教育施設の教師として招待されたのに伴って中国に渡り、12歳までの幼少時代を中国で過ごす。スイスで２年、英国で５年の教育を受け、19歳で中国に戻る。モンゴル、中央アジアほかを旅行し、モンゴル語と中国語の専門家となり、34年から太平洋問題調査会（ＩＰＲ）機関誌「パシフィック·アフェアーズ」の編集長を務める。41年、大統領補佐官ロークリン·カリーの推薦で中国国民政府主席、蔣介石の特別顧問に任命される。43～44年、戦時情報局（ＯＷＩ）極東部主任。戦後の対日政策をまとめた『アジアにおける解釈』を発表し、天皇とその一族の中国への送還を主張。戦後、ジョンズ·ホプキンズ大学教授。50年、ジョセフ·マッカーシー上院議員から「ソ連スパイ網のトップエージェント」だとして告発されたのち、下院非米活動委員会などの喚問を受け、職を去る。63年から英国リーズ大学教授を務め、70年引退。

ランドルフ，フィリップ（Asa Philip Randolph, 1889.4.15～1979.5.16）
米国の黒人運動、労働運動の指導者。ニューヨーク市立大学を卒業後、ハーバード大学で博士号を取得。1925年、寝台車ポーター組合の組織化に取り組む。黒人の人権を守るため結成された全米黒人地位向上協会（ＮＡＡＣＰ）の指導者の一人となる。「全米黒人ポーターと家政婦同胞団」会長も務め、40年９月には大統領夫人、エレノア·ルーズベルトを通じホワイトハウスで大統領への直訴を実現させ、米軍内での黒人の地位向上を訴えている。41年には黒人の公正雇用を要求するワシントン大行進を組織して成果を収めた。63年にも米国史上最大規模のワシントン大行進を指揮するなど、第二次大戦後の公民権運動でも重要な存在となった。

した。

【ラ—ロ】

ラザフォード，ルーシー(Lucy Rutherford, 1891～1948.7)

父親のキャロル・マーサーは米国東部きっての旧家の出身で、裕福であった。両親の離婚に伴い、1913年、エレノア・ルーズベルトのワシントンでの個人秘書となる。海軍次官補だったフランクリン・ルーズベルトとはその直後に知り合い、愛人関係になる。18年、エレノアがルーシーの恋文を発見し、エレノアは「愛人と別れるか、離婚」を迫った。将来、大統領を目指していたルーズベルトは「二度とルーシーに会わない」と誓う。ルーシーはその後、裕福だがかなり年長のウィンスロップ・ラザフォードと結婚した。しかし、ウィンスロップは41年に死亡し、二人は時折会うようになる。44年以降はホワイトハウスでの密会も多くなり、ルーズベルトが亡くなったとき、付き添ったのもルーシーだった。ルーズベルト大統領の最後の肖像画を描いたのは、彼女が連れてきた女性画家。

ラッシュ，ジョセフ(Joseph Lash, 1909～1987)

ニューヨーク市立大学卒業後、1932年にコロンビア大学大学院卒業。29年、社会党に入党。35～39年、全米学生連盟全国事務局長。米議会下院非米活動委員会の召還を受け、大統領夫人のエレノアと知り合う。42年４月～４５年９月、米陸軍航空部隊所属。天気予測班として国内勤務の間に、エレノアとシカゴのホテルで密会しているところを軍防諜部隊に盗聴され、それがもとで盗聴をした防諜部隊隊員らとともに太平洋側の最前線配属となる。戦後50～66年、ニューヨークポスト紙論説委員。71年に親しかったエレノアとの会話やエレノアの手紙などを駆使して『エレノアとフランクリン』を発表、ピュリツァー賞を受賞。82年には長く噂の種だったエレノアとの不倫学（一時学んだが、1913年酪農、果樹栽培に従事）。28～33年、ニューヨーク州農業問題諮問委員会委員長。34～45年、財務長官を務め、ニューディールから第二次大戦にかけて膨張し続けた予算を取り仕切った。ルーズベルト大統領の最も親しい友人の一人で、州知事時代からの側近。ルーズベルトが脳出血で死亡する前日に面会している。44年、ドイツの非軍事化、非工業化を図り、原始的な牧畜農業国家にするという戦後処理計画「モーゲンソー案」を立案。

モロトフ，ビャチェスラフ（Vyacheslav Mikhailovich Molotov, 1890.3.9～1986.11.8）

ソ連の政治家。1906年からボリシェビキ党員。十月革命後、21年には共産党中央委員、政治局員候補。ヨシフ・スターリンを強く支持し、26年には政治局員。30～41年、ソ連首相。第二次大戦勃発直前に外務人民委員（外相）になり、スターリンが首相の座に就く。ソ連を代表して英米と交渉、テヘラン、ヤルタ会談にも出席。戦後は国連設立会議で米側と渡り合った。56年に失脚。

【ヤ―ヨ】

山本五十六（やまもと・いそろく　1884.4.4～1943.4.18）

海軍大将（死後元帥）。海軍兵学校、海軍大学校卒業。海軍大学教官、駐米武官、空母「赤城」艦長などを経て、1930年、ロンドン軍縮会議の随員を務めた。36年、米内光政海相を補佐して日独伊の三国同盟の締結に反対、また太平洋戦争にも作戦的見地から反対した。39年、平沼内閣の総辞職に伴って中央政界を離れ、連合艦隊司令長官兼第一艦隊司令長官となった。対米戦争回避論者でありながら、真珠湾奇襲など太平洋戦争緒戦での諸作戦を立案、指揮したが、ミッドウェー海戦に敗れた。43年、暗号解読と米軍機による待ち伏せ攻撃が奏功し、ソロモン諸島ブーゲンビル島上空で搭乗機を撃墜され戦死

マーフィー，フランク(Frank Murphy, 1890.4.13〜1949.7.19)

米国の法律家、政治家。1923年デトロイト地方裁判所判事、30年デトロイト市長、33年フィリピン総督、のち高等弁務官、36年ミシガン州知事などを歴任。37年の自動車工場のストに対する軍隊の出動を拒否して財界からの反発を買った。

ムソリーニ，ベニト(Benito Mussolini, 1883.7.29〜1945.4.28)

イタリアの政治家。ファシズム指導者。1922年、首相就任。26年には独裁的な権力を握り、以後ドゥーチェ(指導者)の地位を維持した。ファシズム政権は、経営者と労働者を職種ごとに党の管理する組合として組織し、イタリアを「協調組合国家」として再編成した。国家の主導のもとに産業を再編するとともに公共事業や軍需生産の拡大で景気の浮揚を図る国家管理経済に、ルーズベルトは一定の理解を示した。イタリアは40年6月、第二次大戦に参戦したが、ギリシア、エジプトへの侵攻はいずれも失敗した。43年7月、国王はムソリーニを解任。北イタリアのコモ湖畔でパルチザンに捕らえられて銃殺された。

毛沢東(Mao Zedong, 1893.12.26〜1976.9.9)

中国の政治家、思想家。五・四運動(1919)前後にマルクス主義に触れ、1920年、湖南共産主義小組を組織し、21年、中国共産党創立大会に参加した。31年、江西省瑞金に成立した中華ソビエト共和国臨時中央政府の主席。35年、延安への長征途上、指導権を確立した。49年9月21日、中華人民共和国成立とともに中央人民政府主席就任。54〜59年、初代国家主席。66〜69年、プロレタリア文化大革命を発動。

モーゲンソー，ヘンリー(Henry Morgenthau, Jr., 1891.5.11〜1967.2.6)

米国の政治家。ニューヨーク州ユダヤ系資産家の長男。コーネル大

松方正義（まつかた・まさよし　1834.2.25～1924.7.2）

明治期の政治家、財政家。幕末動乱期に公武合体運動、倒幕工作にも加わった。薩摩藩軍艦掛、日田県知事を経て明治３年（1870年）中央政界に入り、大蔵省で地租改正に携わった。1881年（明治14年）の大蔵卿就任以来1900年までに７度蔵相に就任。その間、「松方財政」と呼ばれる不換紙幣整理、デフレ政策を行った。91～92年、96～98年には首相兼蔵相。97年には金本位制を実施。1900年、元老。03年に枢密顧問官、17年内大臣。

マッカラン，パトリック（Patrick A. McCarran, 1876.8.8～19549.28）

米国の政治家。ネバダ大学卒業。ネバダ州の法曹界での実力者となった後、1932年に上院議員（民主党）に選出される。上院司法委員会議長のときに「国内安全保障問題小委員会」を設けて共産主義勢力による米政府浸透を追及した。51年７月～52年６月、太平洋問題調査会（ＩＰＲ）についての公聴会を集中的に開いた。その時の委員会はマッカラン委員会と呼ばれた。ＩＰＲ公聴会記録は膨大な量になる。ＩＰＲ機関誌編集長だったオーウェン・ラティモアに対する追及が特に厳しかった。ＩＰＲが戦前のような権威をなくし活動できなくなったのはマッカラン委員会の追及が背景にある。現職上院議員のまま死去。

マッキンタイア，ロス（Ross T. McIntire, 1889.8.11～1959.12）

大統領の主治医。1935年からルーズベルトが死亡する45年４月まで治医長を務めたマッキンタイアは、妻のエレノアよりも大統領のそばに長くいたといわれた。ルーズベルトの死後、大統領の健康状態を正確に伝えていなかったと批判された。第二次大戦中、ルーズベルトの強い推薦で海軍軍医総監も兼ねた。

大戦の欧州遠征軍准将。30〜35年、陸軍参謀総長。32年のワシントン市内での「ボーナス行進」鎮圧で軍を直接指揮。35〜41年、フィリピン植民地政府軍事顧問。41年から陸軍現役に復帰し、極東軍司令官に任命される。42年、南西太平洋方面軍司令官。45年に太平洋方面軍最高司令官となり、戦艦ミズーリ号艦上で日本の降伏文書を受け取る。45〜50年、連合国総司令部（GHQ）最高司令官。50〜51年、朝鮮戦争で米軍主力の国連軍司令官。51年、トルーマン大統領により解任される。

マッカーシー，ジョセフ（Joseph R. McCarthy, 1908.11.14〜1957.5.2）
米国の政治家。弁護士や地方裁判所巡回判事などをした後、1946年に上院議員（共和党）になった。あまり目立たない存在だったマッカーシーは50年2月、「国務省に205人の共産主義スパイがいる」と告発し、一躍注目を浴びた。朝鮮戦争直後の米国では共産主義勢力の横暴に怒る声が満ちており、全く証拠もないこの告発を歓迎した。52年、上院議員に再選されたのはこうした国民人気を背景にしている。マッカーシーの「赤狩り」は最後には共和党のドワイト・アイゼンハワー大統領にまで向けられるようになり、信用をなくす。「根拠のない赤狩り」のことを米国では今も「マッカーシズム」と呼んでいる。マッカーシーは54年12月、同僚上院議員によって不信任を決議され、その後は注目されることもなく姿を消した。

松方乙彦（まつかた・おとひこ　1880〜1952）
明治の元老、松方正義の六男。1902年、学習院大学卒業と同時にハーバード大学入学。寄宿舎のルームメートがフランクリン・ルーズベルトのいとこライマン・デラノだった。21年、東京瓦斯会社常務。34年、日活社長。同年2月、日米関係改善を目指し、かつての学友、ルーズベルト大統領と面談している。エドウィン・ライシャワー元駐日大使のハル夫人は姪にあたる。

ード大学で修士号、ウィスコンシン大学で博士号取得。08年から1年間、中国で教鞭に立ったという経験から中国問題専門家を自認。21〜24年、国務省の経済問題顧問。28〜37年、国務省の政治問題顧問。37〜44年、国務省極東部長。31年の満州事変以来、強い経済制裁を唱えた対日強硬論者。日本の真珠湾攻撃直前にあっても、「日本には米国を攻撃する能力はない」という主張を繰り返した。極東問題の専門家としてルーズベルト大統領に助言したほか、コーデル・ハル国務長官に対しても大きな影響力を発揮した。

【マ—モ】

マーシャル，ジョージ（George C. Marshall, 1880.12.31〜1959.10.16）
米国の軍人、政治家。バージニア州の陸軍士官学校卒業。38年、陸軍参謀本部次官。39〜45年、陸軍参謀総長。45〜47年、中国特派大使。47〜49年、国務長官。47年6月5日、欧州再建のためのマーシャル・プランを提唱。50〜51年、国防長官。53年、マーシャル・プランにおける貢献によりノーベル平和賞受賞。

松岡洋右（まつおか・ようすけ　1880.3.4〜1946.6.27）
外交官、政治家。1893年渡米。オレゴン大学に学んだのち、外務省入省。1921年、南満州鉄道会社理事、さらに副総裁を歴任。33年、国際連盟会議に全権大使として出席し、日本軍の満州撤退勧告案採択に際して議場を退場。40年、第二次近衛内閣の外相となり、日独伊三国同盟（1940）、日ソ中立条約（41）を締結。対米強硬路線に立ち、戦後A級戦犯として極東国際軍事裁判における審理中に獄中で病死。

マッカーサー，ダグラス（Douglas MacAthur, 1880.1.26〜1964.4.5）
米国の軍人。1903年、ウェストポイント陸軍士官学校卒業。06〜07年、セオドア・ルーズベルト大統領の軍事顧問。17〜18年、第一次

57年から59年までフィリピン大使。59年から61年までソ連問題の国務長官特別補佐官。

ホワイト，セオドア(Theodore H. White, 1915.5.6〜1986.5.15)

米国のジャーナリスト。ハーバード大学卒業。39年より「タイム」誌中国課長として中国、インドを取材するとともに、1945年、ミズーリ号上での日本の降伏文書調印を取材した。47年「ニュー・リパブリック」誌編集長、55年「コリヤーズ」誌記者として、マーシャルプラン、NATO関連、大統領選挙などを取材・執筆、62年、ピュリツァー賞を受賞した。親中派で知られたハーバード大のフェアバンク教授の教え子だったホワイトは生涯、日本非難の記事を書き続けた。

ホワイト，ハリー・デクスター(Harry Dexter White, 1892.10.29〜1948.8.16)

米国の経済学者。ボストンのユダヤ系米国人の家庭に生まれる。スタンフォード大学で経済学を学び、35年にハーバード大学で経済学博士号取得。ロークリン・カリーとは生涯友人関係。34年、財務省勤務。42年にモーゲンソー財務長官の特別補佐官(財務次官補)となり、事実上の財務省ナンバー２となる。戦後の国際通貨体制を決めたブレトンウッズ会議に米国代表として出席、国際通貨基金(ＩＭＦ)創設の中心人物となる。一方、モーゲンソー財務長官の腹心としてドイツ戦後処理についての「モーゲンソー案」を作成したり、日本に対する最後通牒の役割を果たした「ハル・ノート」の原案となった対日交渉案を作成するなど、政策に大きな影響を及ぼした。46〜47年、ＩＭＦ米国代表理事。48年８月16日、下院非米活動委員会公聴会でソ連スパイ疑惑を否定した直後、急死。

ホーンベック，スタンレー(Stanley K. Hornbeck, 1883.5.4〜1966.12.10)

米国の極東問題専門家。1903年、デンバー大学卒業。オックスフォが、終身刑に減刑され、服役中に死亡。

ベントレー，エリザベス（Elizabeth Bentley, 1908.1.1〜1963.12.3）

1930年コロンビア大学卒業。35年、米共産党入党。*The KGB Against the "Main Enemy"*（Herbert Romerstein & Stanislav Levchenko）によると、38年にソ連スパイ網の非公然のワシントン駐在員、ヤコブ・ゴロスに紹介される。ゴロスと特殊な関係にあったベントレーは、ゴロスが43年に死亡し、スパイ網がソ連ＫＧＢ直轄になることに不満を抱く。さらにＦＢＩの捜査が迫っているとの強迫観念に襲われ、45年11月７日、ＦＢＩのニューヨーク事務所に出頭し、スパイ網での具体的な活動歴とリストを提出した。48年には下院非米活動委員会公聴会でハリー・デクスター・ホワイト、ソロモン・アドラーらをスパイだったと証言した。

ホプキンズ，ハリー（Harry L. Hopkins, 1890.8.17〜1946.1.29）

米国の政治家。1912年、グリネル大学卒業。社会民生委員などを経て、30年ニューヨーク州知事のルーズベルトから州臨時救済庁長官に任命される。38〜40年、ルーズベルト政権の商務長官。41年、武器貸与法に基づく調整担当者。さらに正式の役職はなかったがルーズベルト大統領主席補佐官のような役割を果たし、戦争中はソ連のスターリン首相、英国のチャーチル首相とのパイプ役を演じた。ルーズベルトの側近中の側近といわれた。

ボーレン，チップ（Charles Bohlen E, 1904.8.30〜1974.1.1）

米国外交官。ロシア語専門家。テヘラン会議、ヤルタ会議などの米ソ首脳会談で、ルーズベルト大統領のロシア語通訳を務めた。ポツダム会談ではトルーマン大統領のロシア語通訳。戦後、著書の*Witness to History*で、ルーズベルトの外交交渉を批判した。また、スターリンとソ連を強く非難した。1953年から57年まで駐ソ大使。

ール政策に批判的で、12年に及んだルーズベルト時代にあってその外交方針、特に対日強硬外交に懐疑的だった。晩年の60年代に入ってルーズベルト政権批判を克明に綴った4巻にもなる大著を執筆し続けたが、未出版のままスタンフォード大学に自ら設立したフーバー研究所の金庫に収めた。同書のタイトルは『裏切られた自由』。

ブラウダー，アール（Earl Browder, 1891.5.20～1973.6.27）
米国の政治家。小学校中退。1930年、米共産党書記長になる。35年、ソ連コミンテルンの指導で人民戦線路線を採用し、党内の指導体制を強化する。翌年、共産党大統領候補に指名される。40年にも大統領選に出馬。45年4月、ルーズベルトの死とともにブラウダーの穏健路線も破綻して米共産党指導部からはずされ、翌46年には党を追放される。米共産党を大衆政党に変身させ、党員を8万人までに増やす一方、ソ連コミンテルンやＫＧＢに情報を流す米政府内のスパイ網の充実に強い指導力を発揮した。

ブリット，ウィリアム（William C. Bullitt, 1891.1.25～1967.2.15）
米国の外交官。1912年、エール大学卒業。33年、国務長官特別補佐官。ルーズベルト大統領との個人的交流を深め、国交を開いたばかりのソ連への最初の大使に任命された。36～40年、駐仏大使として緊迫する欧州情勢を直接大統領に報告し、政策に影響を与えた。

ペタン，アンリ（Henri Philippe Petain, 1856.4.24～1951.7.23）
フランスの軍人、政治家。陸軍士官学校卒業。第一次大戦でのベルダンを死守した武勲によって名声を博し、1918年元帥、20年には最高軍事会議副議長となった。34年ドゥーメルグ内閣の陸相、39年スペイン大使などを歴任。第二次大戦の勃発に伴い、40年、レノー内閣の副首相、次いで自ら首相となってドイツに休戦を申し入れ、休戦条約が成立した。大戦後、ドゴール政権の下で死刑を宣告された

フェルミ,エンリコ(Enrico Fermi, 1901.9.29〜1954.11.28)

米国の物理学者(イタリア生まれ)。ピサ大学卒業。ローマ大学理論物理学教授時代にフェルミ統計の理論を発表、38年、ノーベル物理学賞を受賞、反ファシストで受賞後ストックホルムから直接アメリカに渡った。39年コロンビア大学物理学教授、46年シカゴ大学物理学教授を務め、原子エネルギーの研究に専心、ウラン核分裂の連鎖反応に成功した。

フォレスタル，ジェームズ(James V. Forrestal, 1892.2.15〜1949.5.22)

米国の政治家、初代国防長官。プリンストン大学卒業。第一次大戦中は海軍航空隊に所属。戦後ウォール街の投資会社に入り、1938年、社長となった。40年、ルーズベルト大統領の行政関係補佐官となり、同年、海軍次官、44年、海軍長官、47年、国防総省の創設に伴って初代国防長官となった。第二次大戦中はアメリカ海軍の拡張を指導、その後三軍の再編などを行ったが、心労のため強度の神経衰弱にかかり、49年３月、国防長官を辞任、同年５月、自殺した。

フーバー，Ｊ．エドガー(J. Edgar Hoover, 1895.1.1〜1972.5.2)

米連邦捜査局(ＦＢＩ)長官。1917年、ジョージ・ワシントン大学夜間部法学修士課程修了と同時に司法省勤務。24年、司法省捜査局長。35年に捜査局が連邦捜査局と改名されたのに伴い、初代長官に就任。死去するまで長官職にとどまる。生涯独身。

フーバー，ハーバート(Herbert C. Hoover, 1874.8.10〜1964.10.20)

米国の政治家。第31代大統領。1895年、スタンフォード大学卒業。1921〜28年、共和党政権の商務長官。29年、大統領就任。32年の大統領選では、現職ながら民主党候補のルーズベルトに敗れた。29年10月24日のニューヨーク株大暴落とその後の大恐慌で国民的人気をなくしたのが選挙敗退の遠因となった。ルーズベルトのニューディ

代表団主席顧問として参加するなど国連創設に活躍。48年に元ソ連スパイのウィタカー・チェンバーズの告発でスパイ疑惑が深まり、米下院非米活動委員会の公聴会などで証言を求められる。50年、偽証罪で有罪。４年近く服役後、再び無罪を主張した。ＫＧＢ電文解読資料「ＶＥＮＯＮＡ」によると、ヒスはソ連赤軍第四部（情報部）のスパイ網に属し、ヤルタ会議出席後、モスクワでソ連外交官、ビシンスキーからソ連への貢献を理由に勲章を授与された。

ヒトラー，アドルフ(Adolf Hitler, 1889.4.20～1945.4.30)
ドイツの政治家で、ナチス・ドイツの指導者。オーストリア生まれ。1919年にドイツ労働党(翌年、国家社会主義労働党と改名)に入党し、21年には指導権を確立して党首となった。33年１月に政権を把握。34年には総統となり、全体主義的な独裁体制を樹立した。39年９月１日のポーランド侵攻で第二次大戦を引き起こした。40年９月、日独伊三国同盟を締結。ドイツ軍は当初、機甲化師団を使った電撃戦を成功させて破竹の勢いだったが、41年６月の独ソ戦開始で敗色が濃くなり、ソ連赤軍に包囲されたベルリンの首相府地下壕で自殺した。

ピーノウ，ロジャー(Roger Pineau, 1916.11.17～1993.11.22)
ミシガン大学、ジョージ・ワシントン大学法学院卒業。1942年、海軍日本語学校を卒業した後、ワシントンにある海軍通信傍受部隊の暗号解読班に配属される。終戦後の45～46年の戦略爆撃効果査察で日本語通訳官。45～57年、ルーズベルトから第二次大戦米海軍史の作成を命じられたサミュエル・モリソン提督の補佐を務めた。日本海軍関係者から面談して得た情報や海軍暗号解読班でのピーノウの経験などが、日本の山本五十六提督の墜落死などに新たな解釈を提供することになった。

トルーマン大統領の信任を得て国務長官。日本の無条件降伏を強く主張し、そのためには原爆を使用すべきと主張した。戦後、対ソ協調派から対ソ強硬派に転じた。

バンデンバーグ，アーサー(Arthur H. Vandenberg, 1884.3.22〜1951.4.18)
米国の政治家。ミシガン大学卒業。1928年、ミシガン州選出の上院議員(共和党)。「米国は海外の紛争に干渉しない」という伝統的孤立主義外交の信奉者で、共和党、民主党の孤立主義グループのリーダー格だった。ドイツとの戦争を不可避と考えるルーズベルト政権とは激しく対立した。戦争に反対するこのグループは41年12月の真珠湾攻撃までは米国世論をリードする大きな勢力だった。しかし、日本の攻撃を受けて挙国一致の参戦を余儀なくされた米国で、孤立主義者たちは姿を消した。

樋口季一郎(ひぐち・きいちろう　1888.8.20〜1970.10.11)
陸軍軍人。1918年、陸軍大学校卒業。35年第三師団参謀長、37年関東軍特務機関長。38年３月ユダヤ人難民が満州と国境を接したソ連領オトポール駅で立ち往生した際、副官の安江仙弘とともに、「ドイツの政策が自国内で行使されることに対し何ら異存はないが、自国外にまで政策を押しつけるのはいかがなものか」として、満州国に働きかけて難民の入国をすべて認めさせた。39年第九師団長(中将)、44年第五方面軍司令官、45年北部軍管区司令官を歴任。43年５月、北部軍司令官としてアッツ・キスカ作戦を指導。

ヒス，アルジャー(Alger Hiss, 1904.11.11〜1996.11.15)
米国の政治家。ハーバード大学法律大学院を経て1933年にルーズベルト政権に農業問題専門家として加わり、ニューディール政策を進める。36年から国務省勤務。45年２月の米英ソ３国首脳によるヤルタ会談に国務省を代表して参加。46年の第１回国際連合総会に米国

ハリマン，アバレル（William Averell Harriman, 1891.11.15～1986.7.26）
米国の実業家、政治家。グロートン校、エール大学卒業。1915年、鉄道会社「ユニオン・パシフィック」副会長に就任し、32～42年会長。ルーズベルト大統領の個人的知己を得て、43～46年駐ソ連大使。46年には駐英国大使。54年にはニューヨーク州知事。

ハル，コーデル（Cordell Hull, 1871.10.2～1955.7.23）
米国の政治家。1891年、カンバーランド大学卒業。87～93年、テネシー州下院議員。1907～21年、23～31年、連邦議会下院議員。31～33年、上院議員。33～44年、ルーズベルト政権の国務長官。41年11月26日、「ハル・ノート」を野村、来栖両大使に手交、日本は最後通牒とみなし、太平洋戦争開戦の口実とした。国際連合の創設に尽力し、45年ノーベル平和賞受賞。

ハルゼー，ウイリアム（William F. Halsey, 1882.10.30～1959.8.16）
米国の軍人。アナポリス海軍士官学校卒業。第一次大戦で駆逐艦隊を指揮。38年海軍少将、40年に中将に昇進。真珠湾攻撃の際、ハルゼーは航空母艦艦隊を率いて軍港におらず、日本機の攻撃を免れた。東京爆撃を敢行したドーリットルら爆撃隊を日本列島沖に空母で運んだのはハルゼーだった。第二次大戦中、南太平洋第三艦隊司令長官としてソロモン群島沖で対日戦に活躍し、その勇猛さからブル・ハルゼーと呼ばれた。

バーンズ，ジェームズ（James F. Byrnes, 1879.5.2～1972.4.10）
米国の政治家。独学で弁護士試験に合格、1911年、民主党から下院議員に当選して政界入りした。31年上院議員、41年最高裁判所判事を経て、第二次大戦中は経済安定局長官、戦時動員局長官を歴任。ヤルタ会議にはルーズベルトの側近の一人として参加した。45年、イツで自動車事故のために死亡。

パブロフ，ビターリ・G（Vitalii Pavlov, 1914.9.30〜2005.4.11）

ソ連の諜報員。1938年にＮＫＶＤ（ソ連人民委員部＝ＫＧＢ前身）に入り、翌39年、対北米軍事担当情報官補佐となる。42〜46年、カナダのソ連大使館二等書記官を務めるが、カナダ地区におけるＫＧＢ駐在員が実際の仕事だった。カナダ地区のＫＧＢ工作員、グーゼンコが亡命したあとカナダ当局にスパイ網について暴露した結果、パブロフは国外追放処分になった。95年、モスクワの雑誌*News of Intelligence and Counterintelligence*に「ついにスノー（雪）作戦について語る時が来た」と題する論文を発表した。「日本への最後通牒の役割を果たしたハル・ノートは、実はソ連側の謀略の結果だった」とするこの論文は大きな波紋を呼び、96年に加筆して『スノー作戦』という題名で出版された。ロシア語版以外はまだない。モスクワ在住。

原敬（はら・たかし　1856.2.9〜1921.11.4）

政治家。南部藩家老職の次男に生まれる。1879年司法省法学校を中途退学し、郵便報知記者、大東日報主筆を経て、82年外務省に入った。89年農商務省に転じ、陸奥宗光に師事。96年駐韓公使となったが、翌年辞任し大阪毎日新聞編集総理、のち社長。1900年立憲政友会の創立には関西財界を背景に尽力、同年伊藤博文内閣の逓相、02年衆議院議員となり、第一次、第二次西園寺内閣、山本権兵衛内閣の内相。山県有朋らの藩閥勢力を懐柔する一方、党内の指導権を握り、14年政友会総裁に就任。18年米騒動で倒れた寺内正毅内閣の後を受けて「平民宰相による最初の政党内閣」を組織。しかし、普通選挙の実施を拒否し、社会運動には弾圧政策で臨むなど、力と党利党略の政治家として世の批判をも受けた。21年東京駅で中岡艮一に刺殺された。『原敬日記』（和本82冊、1875〜1921）は明治、大正政治史の貴重な資料。

帰国後、枢密顧問官。戦後、参議院議員。

【ハ―ホ】

ハウ，ルイス(Louis M. Howe, 1871.1.14～1936.4.18)

サラトガハイスクール卒業後、ニューヨーク州議会担当記者になり、その際、州上院議員のルーズベルトと知り合った。1912年、ルーズベルトの選挙キャンペーン参謀。13～20年、ルーズベルトの海軍次官補時代には秘書、33～36年、大統領秘書となり、現在の大統領首席補佐官のような役割を演じる。エレノアの政治教育も彼が行った。36年4月18日に急死するまで終始、ルーズベルトの側近中の側近だった。

パーキンス，フランシス(Frances Perkins, 1880.4.10～1965.5.14)

米国の女性社会運動家、行政官。1910年、コロンビア大学大学院卒業。28年にニューヨーク州知事だったルーズベルトから同州工業委員会理事に任命される。33年、ルーズベルト大統領就任に伴い労働長官。米国初の女性閣僚。ルーズベルト時代の遺産といわれる社会保障制度は、パーキンスの尽力によって確立した。

パットン，ジョージ(George S. Patton, 1885.11.11～1945.12.21)

米国の軍人。ウェストポイント陸軍士官学校卒業。第一次大戦で米国最初の戦車隊長となった。1932年、第一次大戦に従軍した退役軍人が退役年金のボーナスを即座に支払うよう求める「ボーナス軍」となってペンシルベニア大通りを占拠した際、陸軍参謀総長ダグラス・マッカーサーの命を受け、6両の戦車隊を指揮して鎮圧の先頭に立った。第二次大戦では北アフリカ進攻で軍団長、43年のシチリア島上陸では第七軍司令官としてパレルモを攻略した。44年には西部戦線で第三軍司令官として、その迅速な追撃戦で有名になった。ドュネーブの国際連盟事務局次長として国際舞台で活躍。帰国後、帝国学士院会員、貴族院議員に選任。29年10月から京都で開かれた「第三回太平洋問題調査会（ＩＰＲ）会議」では、日本の世界征服の極秘戦略計画とされた「田中メモリアル」の英語版が中国代表団によって配布された際、新渡戸はその誤りを指摘、偽造文書であるとし撤回させている。

ニミッツ，チェスター（Chester W. Nimitz, 1885.2.24〜1966.2.20）
米国の海軍軍人。1905年、アナポリス海軍士官学校卒業。42〜45年、太平洋艦隊司令長官。ミッドウェー海戦（1942）で日本の機動部隊を壊滅させ、太平洋の「飛び石作戦」を指揮して米国の制海権、制空権を確立する。45〜47年、海軍作戦部長。

ノックス，フランク（W. Frank Knox, 1874.1.1〜1944.4.28）
米国の実業家、政治家。1898年、アルマ大学卒業。28〜31年、反ルーズベルトの論調で知られるハースト系新聞社の総支配人。36年には共和党副大統領候補。ルーズベルト大統領の挙国一致政権の呼びかけに応じて40年から海軍長官。在任中、ワシントンで死去。

野村吉三郎（のむら・きちさぶろう　1877.12.16〜1964.5.8）
海軍軍人、外交官。1898年、海軍兵学校卒業。1908年オーストリア、ドイツ駐在武官。14〜18年駐米大使館付武官となり、ルーズベルトと親交を結ぶ。パリ講和会議、ワシントン軍縮会議に随員として出席。26〜28年に軍令部次長、練習艦隊司令官、呉および横須賀鎮守府長官を経て、32年２月第三艦隊司令長官となったが、同年４月29日、上海の天長節祝賀会場で朝鮮人尹奉吉の投げた爆弾で負傷、隻眼となった。33年大将に昇進。36年予備役となり、学習院院長。39〜40年、阿部信行内閣の外相を務めた。40年11月、駐米大使となり、太平洋戦争開戦直前までハル米国務長官との日米交渉の任にあった。

同年末に航空総監兼航空本部長となった。40～41年、第二、第三次近衛文麿内閣の陸相として入閣。41年10月18日、首相。サイパン失陥の責任を問われて44年7月18日辞職。第二次大戦後の45年9月にピストル自殺未遂。A級戦犯として極東国際軍事裁判で絞首刑となった。

ドゴール，シャルル(Charles Andre Joseph Marie de Gaulle, 1890.11.22～1970.11.9)
フランスの軍人、政治家。第二次大戦下の1940年、国防兼陸軍次官となる。同年6月、ドイツ機甲師団の破竹の進撃の前に敗れる。ロンドンで自由フランス委員会を組織し本国の対独レジスタンスを指導、フランスの解放をもたらす。戦後、フランス国民連合党首となり、58年6月組閣して第五共和政を樹立。同年大統領。62年アルジェリア戦争を終結させた。

トルーマン，ハリー(Harry S. Truman, 1884.5.8～1972.12.26)
米国の政治家。第31代大統領。カンザスシティー(ミズーリ州)市立法律専門学校卒業。1934～45年、上院議員。45年に発足した第四期ルーズベルト政権の副大統領。ルーズベルト大統領が同年4月12日に死亡したため、大統領に就任。48年再選(～52)。

【ナ―ノ】

新渡戸稲造(にとべ・いなぞう　1862.8.3～1933.10.15)
農政学者、教育者、思想家。東京英語学校を経て札幌農学校に入学。W．クラークの影響を受けてキリスト教徒となる。1884～91年、欧米に留学。98～1901年欧米漫遊。その後台湾総督府技師などを経て03年に東京帝国大学法科大学教授。06年、第一高等学校校長となり、東京帝国大学教授を兼任（13年、同大学教授専任)。20～26年、ジ

チヒ大学卒業。35年、ワシントン大学教授として渡米、41年帰化した。第二次大戦中にマンハッタン計画に参加、45年7月に行われた最初の原爆実験に立ち会った。水素爆弾の開発を推進したことから「水爆の父」ともいわれる。62年、核化学や核物理学への貢献を認められてエンリコ・フェルミ賞を受賞した。

デラノ，ローラ(Laura Delano, 1885〜1972)
ルーズベルト大統領の母方、デラノ家の娘でルーズベルトとはいとこ関係。兄はデラノ家当主、ライマン・デラノ。ライマンとルーズベルトがハーバード大学時代、松方乙彦がライマンのルームメートだった。ライマンの部屋をよく訪れたローラと乙彦が恋愛関係になり、結婚寸前となったが、双方の両親が反対した。生涯独身を通し、ルーズベルトの取り巻きの一人になった。大統領夫人エレノア嫌いで知られ、大統領の死に愛人が付き添っていたことをエレノアに告げた。

東郷茂徳(とうごう・しげのり　1882.12.7〜1950.7.23)
外交官。1908年東京帝国大学卒業。12年外務省に入る。駐ドイツ、駐ソ連大使を経て、41年東条内閣の外相になる。日米交渉において太平洋戦争の開戦回避に死力を尽くしたが、結局開戦の責任者となった。45年再び鈴木内閣の外相となり、終戦工作に挺身。戦後A級戦犯に問われたが、信念を持って戦争前後の行動の正当性を主張した。禁錮20年の判決を受け、服役中に死去。開戦時と終戦時外相となった運命の人である。

東条英機(とうじょう・ひでき　1884.12.30〜1948.12.23)
政治家、陸軍軍人。父は陸軍中将東条英教。1905年、陸軍士官学校卒業。19〜22年、スイス、ドイツに駐在。35〜37年、関東軍憲兵隊司令官を務めた。37〜38年、関東軍参謀長。38年に陸軍次官となり、のカーテン」演説を行い、世界に東西冷戦の始まりを強く印象づけた。53年、『第二次大戦回顧録』でノーベル文学賞受賞。

陳翰笙(Chen Han-sheng, 1897.2.5〜2004.3.13)

中国の社会学者。1920年にシカゴ大学卒、24年にはベルリン大学で博士号取得。26年、北京大学で農業経済を専門とする若手教授となるが、ロシア人のコミンテルン工作員にリクルートされ、コミンテルン情報員となる。満州軍閥の張作霖軍の弾圧で、28年にモスクワに逃亡、そこでソ連赤軍第四部(情報部)員のリヒャルト・ゾルゲのグループに組み込まれる。陳翰笙がゾルゲを補佐するため上海に滞在した29年、米人ジャーナリストのアグネス・スメドレーに会い、生涯の友人になった。ゾルゲが31年、ドイツ人記者として日本の組織づくりを始めた際も陳翰笙は補佐したが、35年にモスクワからの連絡員が逮捕されたのをきっかけに再びモスクワに逃亡した。その後、米国で太平洋問題調査会(ＩＰＲ)機関誌「パシフィック・アフェアーズ」を編集するオーウェン・ラティモアを補佐するよう指示を受け、36〜39年ニューヨーク滞在。46〜50年、ジョンズ・ホプキンズ大学客員教授をし、米共産党と中国共産党の連絡係となる。しかし、文化大革命で追及されて66〜68年自宅監禁され、71年に復権。北京在住。

寺崎英成(てらさき・ひでなり　1900.12.12〜1951.8.21)

外交官、宮内庁御用掛。1921年、東京帝国大学法学部大学院中退後、外務省に入省。米国日本大使館に勤務。敗戦後、吉田茂外相によって宮内庁御用掛に推される。昭和天皇とマッカーサー元帥との会見時の通訳、天皇のメッセージを占領軍に伝える役割を負う。

テラー，エドワード(Edward Teller, 1908.1.15〜2003.9.9)

米国の原子物理学者(ハンガリー生まれ)。ミュンヘン大学、ライプダルラン，ジャン(Jean Louis Xavier Francois Darlan, 1881.8.7〜1942.12.24)

フランスの軍人、政治家。1939〜40年海軍司令長官、41年ビシー政権の副首相兼外相。フランス降伏の際にナチス・ドイツに協力し、その見返りとしてビシー政権の指導者、アンリ・ペタン将軍の後継者に指名された。しかし、英米連合軍の北アフリカ上陸に際して、抵抗を中止し停戦に応じ、仏領北アフリカ全域の高等弁務官の地位を保証させた。翌年、過激なフランス人青年に暗殺された。

チェンバーズ，ウィタカー(Whittaker Chambers, 1901.4.1〜1961.7.9)

米国のジャーナリスト。コロンビア大学卒業。1925年、米共産党に入党。32〜34年、米共産党機関誌「ニュー・マス」編集長。34年に党指導部から地下活動を命じられる。37年に雑誌「タイム」に記者として雇われ、41年までのタイム誌勤務中、外信部長などを歴任する。39年９月２日、国務次官エイドルフ・バーリーにスパイ網の存在を告白する。チェンバーズの離反でソ連スパイ網は一時活動を停止するが、その告発にＦＢＩは動かなかった。44年、米国に亡命したロシア人スパイが変死したことに脅威を抱き、再びＦＢＩにスパイ網を告発する。チェンバーズの告発は具体的で、しかも「パンプキン・ペーパーズ(カボチャ資料)」と呼ばれる証拠物件を隠し持っていたことから、疑惑を否定していた国務省高官のアルジャー・ヒスは偽証罪で有罪となった。

チャーチル，ウィンストン(Winston S. Churchill, 1874.11.30〜1965.1.24)

英国の政治家。1894年、サンドハーストの陸軍士官学校卒業。1900年下院議員、11〜15年海相、17年軍需相、24〜29年蔵相を歴任。40年に首相となり、第二次大戦で指導力を発揮する。戦後の45年、選挙で労働党に敗れて下野。46年、ミズーリ州フルトンで有名な「鉄

孫文(Sun Wen, 1866.10.6～1925.3.12)

中国の革命家。中国国民党の創始者であり指導者。ハワイと香港で教育を受け、医者となったが、自国の弱さ、腐敗に危機感を抱き興中会を結成。さらに1905年、三民主義を綱領とする中国革命同盟会を東京で結成。辛亥革命後の1912年1月1日、中華民国の成立により臨時大総統に就任したが、自ら軍閥の袁世凱と交代。以後軍閥政権に対し革命運動を継続し、19年国民党を結成、24年、第一次国共合作を成立させた。さらに軍閥、帝国主義打倒を目指したが、「革命未だ成らず」の遺言を残して北京で病死。

【ター卜】

タグウェル，レックスフォード(Rexford G. Tugwell, 1891.7.10～1979.7)

米国の経済学者。ペンシルベニア大学経済学講師、コロンビア大学講師、同教授。33年、ルーズベルト政権下の農務次官補、34年、同次官としてニューディール政策の立案と実施に貢献した。38年ニューヨーク都市計画委員会議長、41年プエリトリコ大学総長、46年シカゴ大学政治学教授を歴任するかたわら進歩党から大統領選に出馬したヘンリー・ウォレスを助けて政治活動にも従事した。

田中義一(たなか・ぎいち　1864.4.29～1944.11.7)

陸軍軍人、政治家。陸軍士官学校、陸軍大学校卒業。日清戦争に従軍し、日露戦争当時は満州軍参謀。1906年、山県有朋の命で「帝国国防方針」を作成した。27年、外相兼任で首相に就任。28年、中国軍閥の張作霖爆殺事件の責任を追及され、内閣総辞職に追い込まれた。米国における日本脅威論の有力な根拠となった「田中メモリアル（上奏文)」は、首相時代に開かれた東方会議(1927年6月27日～7月7日、第一次山東出兵後の中国政策を決定するために開催)で決定されたとされている。

きない蔣介石の通訳をした。第二次大戦中の42年11月～43年5月米国に滞在して中国支援を訴えるキャンペーンを実施。とりわけ43年2月18日の宋美齢の米議会演説は新聞で絶賛された。しかし、私生活は貴族趣味に彩られ、エレノア大統領夫人らの批判を受けた。米国世論はその後、中国イメージを少しずつ修正することになる。
ニューヨークに在住。

ゾルゲ，リヒャルト(Richard Sorge, 1895.4.10～1944.11.7)

ドイツのジャーナリスト。父親はドイツ人石油技師、母はロシア人。1920年、ドイツ共産党入党。24年、モスクワでソ連共産党に党籍変更。27年頃からコミンテルン情報部員として活躍。30年1月、この時はソ連赤軍第四部(情報部)員として米国人ジャーナリスト、ジョンソンの偽名で上海に到着。その時、朝日新聞上海特派員だった尾崎秀実と知り合う。33年1月にいったんモスクワに戻るが、9月今度はドイツ紙の記者を装って来日し、尾崎らとスパイ網を構築した。ドイツ大使館と近衛内閣嘱託、尾崎秀実を通じて得た機密をモスクワに流し、41年10月18日スパイ容疑で逮捕される。44年、尾崎とともに絞首刑。

孫科(Sun Fo, 1891.10.21～1973.9.13)

中国の政治家。カリフォルニア大学、コロンビア大学卒業。1917年、父孫文とともに広東軍政府を組織、21年広州市長、26年国民党中央委員、32年から立法院院長など要職を歴任、第二次国共合作期には中ソ文化協会会長も務めた。第二次大戦中、日本の天皇制廃止を強く訴え「ミカドよ去れ」を発表する。48年に行政院長(首相)に就任するが、翌年、国共内戦激化にともない中国を脱出し、フランス、次いでアメリカに滞在。64年台湾に戻り、66年国府考試院院長に就任した。

宋家三姉妹の次女。1913年、名門女子大学のウェスリアン大学卒業。15年に孫文と結婚する。孫文にはすでに妻子があったが、宋慶齢は結婚時それを知らなかった。孫文の死後、後継者を任じる蔣介石とは距離を置き、上海に居を構えて毛沢東ら中国共産党と接触を保ち続けた。『中国の赤い星』を書いたエドガー・スノーを延安の中国共産党地区に潜入するのを助けたのは宋慶齢だった。アグネス・スメドレー、エバンズ・カールソン、スノーほか米外交官との交流で、中国共産党のイメージを米国で高めることに努力し、「孫文の三民主義の後継は中国共産党にある」と唱え続けた。第二次大戦後、毛沢東は宋慶齢の貢献を高く評価した。51年、スターリン平和賞を授与された。上海で死亡したが、その13日前に名誉国家主席の称号を与えられた。同年6月4日の国葬の際、当時の最高指導者、鄧小平らはその業績を称えたが、妹で蔣介石夫人だった宋美齢は葬儀に参列しなかった。

宋子文(T. V. Soong, 1894.12.4～1971.4.25)

中国の政治家、財界人。蔣介石夫人・宋美齢の兄。1915年、ハーバード大学卒業。32～33年、中国中央銀行総裁。35～43年、中国銀行理事長。40年6月、蔣介石の特別代表としてワシントンに赴任、中国ロビー活動を開始。モーゲンソー財務長官と特に親しく、中国支援を働きかけた。同年12月に浮上した米航空義勇隊(フライング・タイガース)による日本爆撃計画は、宋子文がモーゲンソーに持ちかけたもの。41～45年、国民政府外交部長(外相)。49年、米国に亡命。

宋美齢(Soong Meiling, 1901.4.1～ 2003.10.23)

1917年、米国名門のウェルズリー女子大学卒業。27年、蔣介石が第一夫人と離婚したのを受けて蔣介石夫人となる。宋家三姉妹の末娘。英語が堪能で、交際術に長けていたため、中国国民政府の米国向けスポークスマンのような役割を果たした。カイロ会談でも英語のでい星(*Red Star Over China*)』を出版する。この一冊で中国問題を専門とする国際ジャーナリストの地位を確立する。戦後もたびたび訪中。70年８月には毛沢東の招待で中国訪問。

スミス，アル(Alfred E. Smith, 1873.12.30～1944.10.4)

米国の政治家。1895年、ニューヨーク市民主党指導層の「タマニホール」によって見いだされ、政治家の道に入り、1923年にニューヨーク州知事に当選し、28年まで三期務める。28年には民主党大統領候補となる。この頃まではルーズベルトと政治的盟友関係を結んでいたが、32年にルーズベルトが大統領候補となり、さらに大統領選で共和党のフーバー候補に勝利した後は敵対した。36年と40年の大統領選ではルーズベルトに反対するため共和党を支持した。

スメドレー，アグネス(Agnes Smedley, 1892.2.23～1950.5.6)

米国の女性ジャーナリスト。貧農の家庭に育ち、ニューヨーク大学で聴講後、渡欧。ドイツでも働きながらベルリン大学で聴講。28年に中国に移り、ドイツ紙などに記事を送る中国特派員として活躍。30年10月頃、ソ連赤軍情報部のリヒャルト・ゾルゲを朝日新聞特派員の尾崎秀実に紹介する。英国機密文書解禁によってスメドレーが上海滞在中にコミンテルンから資金提供を受けていたことが明らかになっている。49年、下院非米活動委員会に召還され、英国に亡命。

宋靄齢(Soong Ai-ling, 1889～1973.10.19)

宋家三姉妹の長女。孔祥熙夫人で、蔣介石の義姉にあたる。大富豪の孔祥熙と結婚したため、「金と結婚した」と言われた。戦争中、臨時首都・重慶での生活を嫌い、最初は香港で暮らしたが、香港が陥落するとその後はニューヨークで過ごした。

宋慶齢(Soong Ching-ling, 1893.1.27～1981.5.29)

43年、ソ連赤軍元帥。45年には大元帥の称号を得る。

スティムソン，ヘンリー(Henry L. Stimson, 1867.9.21～1950.10.20)
米国の政治家、弁護士。1888年エール大学卒業、90年ハーバード大学法学院卒業。1911～13年、共和党政権の陸軍長官。27～29年、フィリピン総督。29～33年、フーバー政権の国務長官。32年に日本の満州侵略を非難する「スティムソン・ドクトリン」を発表する。40～45年、ルーズベルト政権の陸軍長官。

スティルウェル，ジョセフ(Joseph W. Stilwell, 1883.3.19～1946.10.12)
米国の陸軍軍人。1904年、陸軍士官学校卒業。42～44年、中国・ビルマ・インド方面軍司令官。43年には中国国民政府の蔣介石主席を補佐するため同方面軍最高司令官代行に任命される。しかし、軍事作戦をめぐって蔣介石と衝突を繰り返し、44年10月に解任される。45年、沖縄作戦に参加し、琉球諸島軍事総督。

ステティニアス，エドワード(Edward Stettinius, 1900.10.22～1949.10.31)
米国の実業家、政治家。バージニア大で学んだ後実業界に入り、ゼネラル・モーターズ社やＵＳスティール社などの幹部。1939年、ルーズベルト大統領の依頼で連邦政府入りし、戦時物資評議会総裁などを歴任した後、43年に国務次官、45年にはコーデル・ハルを継いで国務長官になった。同年２月の米英ソ首脳によるヤルタ会談に出席し、ルーズベルト大統領を補佐した。

スノー，エドガー(Edgar P. Snow, 1905.7.19～1972.2.15)
米国のジャーナリスト。1927年、コロンビア大学ジャーナリスト科在学中にカンザスシティー(ミズーリ州)の地方紙に入社。翌28年上海に渡り、地方誌編集補佐。36年に延安の中国共産党の解放区を訪ね、西側記者として初めて毛沢東らにインタビューし、『中国の赤プラハ総領事館などに転出。45年8月17日、ブカレスト郊外のソ連収容所に連行される。47年4月、シベリア鉄道経由、ウラジオストクを経て博多港着。同年6月、勧告により外務省退職。ポンペ百貨店、NHK国際局、川上貿易などに勤務。85年、イスラエルの「諸国民の中の正義の人賞」(ヤド・バジェム賞)受賞。

鈴木貫太郎(すずき・かんたろう　1867.12.24～1948.4.17)
海軍軍人、政治家。1887年海軍兵学校、海軍大学校を卒業。日清戦争には水雷艇艇長として参加。1901～04年少佐としてドイツ駐在武官。舞鶴水雷隊司令官、第二艦隊司令官などを経て、14～17年海軍次官。18～20年海軍兵学校長。23年大将となり、24年連合艦隊司令長官。25～29年軍令部長を務めて、予備役となった。その後、29～36年侍従長兼枢密顧問官であったが、二・二六事件で重傷を負った。36年男爵。40年枢密院副議長、44年議長。45年4月7日に首相となり、8月9日に開かれた最高戦争指導会議でポツダム宣言受諾を主張する東郷茂徳外相と、徹底抗戦を主張する陸軍が対立すると、和平派に立って、御前会議を開き天皇の裁断を求めた。8月15日に総辞職。同年12月から7カ月間枢密院議長。

スターク，ハロルド(Harold R. Stark, 1880.11.12～1972.8.20)
米国の海軍軍人。1903年、アナポリス海軍士官学校卒業。39～42年、海軍作戦部長。40年に欧州戦線を優先する「ドッグプラン」を作成。42～45年、大西洋方面の艦隊を指揮する。46年退役。

スターリン，ヨシフ(Josef Stalin, 1879.12.21～1953.3.5)
ソ連共産党の最高指導者。本姓ジュガシュビリ(Dzhugashvili)。1903年、ボリシェビキ運動に参加。12年、ボリシェビキ機関誌「プラウダ」編集長。13年初めから「鋼鉄の人」の意味からスターリンを名乗り始める。22年、ソ連共産党書記長就任。41年、首相も兼任。

ショート，ウォルター(Walter Short, 1880.3.30〜1949.10.27)

米国の陸軍軍人。1940年、陸軍ハワイ方面担当、同年12月、同軍司令官となるが、41年12月の日本の真珠湾攻撃に対する職務怠慢により解任される。

ジラード，レオ(Leo Szilard, 1898.2.11〜1964.5.30)

米国の物理学者。ハンガリー生まれ。ベルリン大学で学位を取得後、同大学理論物理学研究所に勤務。33年、ロンドン大学で生物学に転向、38年、アメリカに亡命、48年帰化、46年よりシカゴ大学生物物理学教授を務める。核分裂の連鎖反応が起こることを実験で確認、ルーズベルト大統領に原爆の開発を勧告するアインシュタイン書簡を起草したが、その使用には反対して奔走、戦後は核戦争の危険性をいろいろな場で強調した。

ジロー，アンリ(Henri Giraud, 1879.1.18〜1949.3.11)

フランスの軍人。1940年5月にドイツ軍の捕虜となる。42年4月に捕虜収容所を脱出し、米軍の後ろ盾を受けて北アフリカのフランス植民地軍の指揮権を得るとともに、ドイツに抵抗する全フランス軍総司令官となる。43年6月から10月にかけてシャルル・ドゴール将軍とともに自由フランス委員会の共同議長。しかし、ドゴールとの権力闘争に負け、44年には引退を余儀なくされた。

杉原千畝(すぎはら・ちうね　1900.1.1〜1986.7.31)

外交官。1919年、早稲田大学中退。20年、一年志願兵として入営。24年、外務省書記生として満州里、ハルビン勤務。ペトロパブロフスク在勤の後、37年に公使館二等書記官としてフィンランド、ヘルシンキ、続いてリトアニアの領事代理に任命されカウナスに着任。40年7月、ユダヤ人難民への日本通過ビザの発給を開始。8月26日、「杉原リスト」に残る2139人のうち最後の3人のビザを発給。その後、中国の政治家。1917年に日本留学。19年帰国後は天津学生運動の指導者。20年にフランスに渡り、そこで中国共産党に入党。国共合作後は、中国共産党代表として中国国民政府臨時首都·重慶に居を構えて米国代表らと接触した。重慶の米国大使館にいたジョン·サービスら中国共産党に同情的な外交官のほか、ルーズベルト大統領の中国特使、ロークリン·カリーも周恩来と重慶で会っている。第二次大戦終了直前、毛沢東のワシントン訪問を米国側に打診したのも重慶の周恩来だった。中華人民共和国建国後、亡くなるまで一貫して国務院総理(首相)を務めた。

朱徳(Chu Teh, 1886.12.1〜1976.7.6)

中国の軍事指導者。1911年の辛亥革命では雲南の武装蜂起に加わる。22年にフランス経由でドイツに入り、ベルリンで周恩来と会って中国共産党に入党。30年、紅軍総司令になり、31年には中華ソビエト革命軍委主席。34年の紅軍の長征を指揮し、37年の国共合作で紅軍を改称した国民革命軍八路軍の総司令となったあとは、抗日戦を指揮した。この頃にルーズベルト大統領に派遣された米海兵隊員、エバンズ·カールソンと知り合う。カールソンは八路軍のゲリラ戦に感動し、太平洋戦争では八路軍の戦略を参考にした「カールソン襲撃隊」を編制し、ガダルカナル島の戦闘で活躍した。

蔣介石(Chiang Kaishek, 1887.10.31〜1975.4.5)

中国、台湾の軍人、政治家。1903〜07年、日本の陸軍士官学校に留学。17年、孫文の軍事顧問。23〜24年、モスクワで軍事訓練。24年、黄埔軍官学校の初代校長に就任。26年に中国統一を目指して北伐。28年、南京の中国国民政府主席。48年、初代中華民国総統(72年まで五選)。49年、国共内戦に敗れ、中華人民共和国成立後、台湾に逃亡した。71年、国連で議席を失って以来、さらに孤立を深めた。

れ、最終的にルーズベルト大統領の許可を得る。義勇隊と名づけられてはいるが、実際には米政府が全面的に支援した。また、開戦前の日本空爆計画を強く推進した。フライング・タイガースは第二次大戦中、中国南部の制空権を支配するなど大きな役割を果たした。日米開戦後は米陸軍航空隊少将に昇進。

幣原喜重郎(しではら・きじゅうろう　1872.8.11〜1951.3.31)

外交官、政治家。1895年、帝国大学法律学科を卒業後、農商務省に入ったが、翌年外交官試験に合格し外務省に移る。イギリス大使館参事官、オランダ公使などをを経て1915年外務次官。19年、駐米大使。21〜22年ワシントン会議に全権委員として参加。24〜27年、外相としていわゆる幣原外交を展開。25年貴族院議員。29〜31年、再び外相として欧米との協調を図ったため、軍部から軟弱外交として非難された。45年10月〜46年4月、首相。その間、天皇の「人間宣言」を起草、またマッカーサー元帥の指示の下に憲法改訂に当たった。46年4月〜47年3月進歩党総裁を務め、46年5月第一次吉田茂内閣が成立すると国務相、復員庁総裁。49年2月衆議院議員となり、在職中に没した。

シャーウッド，ロバート(Robert E. Sherwood, 1896.4.4〜1955.11.14)

米国の劇作家。1918年、ハーバード大学卒業。3作品でそれぞれピュリツァー賞を受賞し、ルーズベルトの注目を受ける。40年、ルーズベルトのスピーチライターとしてホワイトハウス入り。42年、戦時情報局(ＯＷＩ)海外部門局長。45年4月にルーズベルトが亡くなった後、ホワイトハウスを去る。友人だったハリー・ホプキンズのメモをもとに執筆した『ルーズベルトとホプキンズ』(1938)は一級の同時代史となった。

周恩来(Zhou Enlai, 1898.3.5〜1976.1.8)

らはデイジーが身の回りの世話をすることが多く、大西洋会談に同伴したのは妻のエレノアではなく彼女だった。ルーズベルトが脳出血で倒れた場にも居合わせた。デイジーは大統領時代のルーズベルトとの会話を中心に克明な日記を残しており、伝記作家のジェフリー・ウォードはその日記を下敷きに『最も親密な間柄』を書いた。同書はルーズベルトの私生活を知る最良の資料。ウォードはデイジーとルーズベルトが男女の関係にあったと断じている。

佐藤尚武（さとう・なおたけ　1882.10.30～1971.12.18）

外交官、政治家。東京高商（現一橋大学）卒業後、1905年（明治38年）外務省に入省。1906年ロシア駐在を皮切りに、ハルビン総領事、ポーランド公使、ベルギー大使、フランス大使、外務大臣を歴任。33年（昭和８年）国際連盟脱退に際し、松岡洋右主席全権とともに退場。37年、林内閣の外相。「危機を招くも招かざるもみな日本の意図による」と議会で演説し、軟弱外交と軍部から非難された。42年、ソ連大使。ソ連を通して連合国との和平交渉に当たったが、無条件降伏のほか道なしとした。ドイツ敗戦後、ソ連の対日参戦の可能性が大きくなる一方なのに、そのソ連を通じて停戦を模索するという滑稽なほど現実離れした日本の外交感覚を批判している。47年参議院議員、49年11月～53年５月、参議院議長。

シェンノート，クレア（Claire L. Chennault, 1890.9.6～1972.7.27）

ルイジアナ大学卒業。1917年、米陸軍歩兵隊入隊。直後に航空部隊に配置換えとなるが、戦闘機の操縦を学ぶのは第一次大戦後。戦闘機のアクロバットチームなどを率いたが、上官との衝突が絶えず、37年に大尉で退役した。このあと、中国国民政府主席、蔣介石と宋美齢夫人から中国航空隊の指導者として招かれた。４年後、中国空軍准将を任官。その間、米航空義勇隊（フライング・タイガース）によって日中戦争に米国が陰から参戦するというアイデアに取りつか国籍取得。米共産党設立メンバーの一人。19年、ソ連に戻りボリシェビキ運動に参加し、情報関係に従事。23年に米国に戻り米共産党専従活動家になる。27年、米共産党の秘密資金で設立された旅行社「World Tourists」代表となる。同社はソ連国営旅行社「Intourist」の公式窓口として、ソ連国内旅行の代理店の役割を果たした。エリザベス・ベントレーは38年、米共産党からゴロスを補佐するため派遣される。国務省や財務省に構築されたソ連スパイ網の「シルバーマン・グループ」や「シルバーマスター・グループ」などはベントレーを通じて情報をゴロスに流していた。そのなかに、財務省高官のハリー・デクスター・ホワイトや大統領補佐官、ロークリン・カリーの名前もあった。ゴロスが43年に心臓麻痺で急死すると、ベントレーは不安定になり、45年、ＦＢＩにゴロスの構築したスパイ網を告発した。

【サ―ソ】

西園寺公一（さいおんじ・きんかず　1906.11.1～1993.4.22）

政治家。誕生年の１月７日、祖父西園寺公望が第一次内閣を組閣。1930年、オックスフォード大学卒業。34年に外務省嘱託となる。36年、太平洋問題調査会（ＩＰＲ）ヨセミテ会議出席のため尾崎秀実らと渡米。近衛ブレーンの一人として朝飯会メンバー。1942年３月、ゾルゲ事件に連座。47年、参議院議員。58～70年、日中文化交流協会常任理事として中国に滞在した。

サッカレー，マーガレット（Margaret Suckley, 1891.12.20～1991.1.29）

通称「デイジー」と呼ばれ、ルーズベルト大統領の親しい取り巻きの一人。サッカレー家はルーズベルト家とは遠い縁戚関係にあたり、ルーズベルト家の邸宅があるハイドパークから数キロのラインベックに自宅がある。ルーズベルトが小児麻痺で下半身不随になってか対する軍事支援拡大に力を注いだ。同公社に流れる武器貸与法の巨額資金をめぐって中国国民政府代表の宋子文とともに暗躍、疑惑の温床となった。

胡適（Hu Shih, 1891.12.17～1962.2.24）

中国の学者、教育家。1910～17年、米国コーネル、コロンビア両大学で学ぶ。北京大学教授を経て38～45年中国国民政府駐米大使。46～49年、北京大学学長。

近衛文麿（このえ・ふみまろ　1891.6.12～1945.12.16）

政治家。京都帝国大学卒業。1919年（大正8年）、パリ講和会議に西園寺公望の随員として出席。31年（昭和6年）貴族院副議長、33年同議長。37年第一次内閣を組織したが、１カ月後に盧溝橋事件が勃発。当初不拡大方針を取ったが、軍部に押し切られ日中全面戦争に突入。38年、「国民政府を相手にせず」の近衛声明を発表し和平の道を自ら閉ざした。38年11月東亜新秩序声明、12月日華国交調整大綱を発表。汪兆銘が重慶を脱出したのを機に総辞職。枢密院議長。40年第二次内閣を組閣、武力南進方針の採用、日独伊三国同盟の締結、大政翼賛会の創立などに踏み切った。41年日米交渉の開始後、松岡外相が対ソ宣戦、対米譲歩反対を唱えたため総辞職。同年7月第三次内閣を組閣。南部仏印進駐で交渉が行き詰まり、中国からの撤兵問題で東条英機陸相と対立して、10月に総辞職。45年東条内閣の打倒と戦争の早期終結を図るため上奏文を提出、敗戦直後の東久邇内閣に国務相として入閣、次いで内大臣府御用掛となり、憲法改正案の起草に当たった。しかし戦犯容疑者として連合国総司令部（ＧＨＱ）から出頭命令を受け、服毒自殺。

ゴロス，ヤコブ（Jacob N. Golos, 1890～1943）

米共産党員。ウクライナに生まれ、1908年米国に移住。15年、米国

長(元首)となったが、88年の第19回共産党大会後、公職から引退した。

コー，フランク(Frank Coe, 1907.1.5～1980.6.2)

米国の官僚。シカゴ大学卒業。1934年、財務省入省。46年、国際通貨基金(ＩＭＦ)事務局長。上司で財務次官だったハリー・デクスター・ホワイトとともにスパイ疑惑で追及され、52年に財務省を辞職。スパイ容疑を否定した後、58年に中国に移住し、社会科学院の客員研究員となる。ソ連ＫＧＢ電文を解読した「ＶＥＮＯＮＡ」資料が95年に公開され、第二次大戦中にソ連側に情報を流していたことが確認された。

孔祥熙(H. H. Kung, 1881～1967.8.15)

中国の実業家、政治家。エール大学卒業。中国屈指の金融家で、孔子の正統子孫を名乗っている。1910年、宋家三姉妹の長女、宋靄齢と結婚し、中国国民政府主席、蔣介石の義兄の地位を得る。国民政府では行政院長(首相)ほか財政部長(蔵相)、外交部長(外相)などを歴任した。同じく義兄にあたる宋子文とはライバル関係。ルーズベルト大統領には絨毯や中国茶を贈り続け、ホワイトハウスへの出入りはかなり自由だった。ルーズベルト家とも親しい交際を誇った。49年に中華人民共和国が成立すると、米国に亡命。

コーコラン，トーマス(Thomas G. Corcoran, 1900.12.29～1981.12.6)

ブラウン大学、ハーバード大学法学院卒業。弁護士業の後、1932年にルーズベルトの非公式アドバイザーになる。36年の大統領選ではキャンペーン用スピーチライターも演じる。41年に公職を去るまで、常にルーズベルトの陰の手足となった。ワシントンロビーの草分け的存在で、陰謀家としても知られる。公職を去った後、ルーズベルトの意向を受けて中国軍需物資供給公社を設立して中国国民政府に

を経営しながら、モスクワへの無線連絡係となる。41年10月18日にスパイ容疑(ゾルゲ事件)で逮捕され、終身刑。45年10月9日に釈放される。

グルー，ジョセフ(Joseph C. Grew, 1880.5.27～1965.5.25)

米国の外交官。当時多くの外交官を輩出したグロートン校、ハーバード大学出身(ルーズベルトもそうであった)。1904年、カイロ領事館勤務で外交官生活をスタートさせ、24年に国務次官。27年に駐トルコ大使。32年から駐日大使を務め、42年日米開戦に伴う外交官交換で帰国。44年までコーデル・ハル国務長官の特別補佐官。国務次官、国務長官代行などの要職にも就き、戦後日本の天皇制擁護などで尽力。戦後すぐに退職。著書『滞日十年』(1944)。

来栖三郎(くるす・さぶろう　1886～1954)

外交官。東京高商(現一橋大学)卒業。1910年(明治43年)、外務省入省。ギリシャ、イタリア大使館一等書記官などを経て、1928年(昭和3年)駐ペルー公使、32年通商局長。さらに駐ベルギー大使なり、40年には駐ドイツ大使として日独伊三国同盟に調印。41年、東郷茂徳外相より野村吉三郎駐米大使を補佐すべく特派全権大使を命じられ、渡米。日米交渉の打開ならず、開戦後交換船で帰国。

グロムイコ，アンドレイ(Andrej A. Gromyko, 1909.7.18～1989.7.2)

ソ連の外交官、政治家。ミンスク農業経済大学卒業。1931年、共産党入党。外務省アメリカ局長を経て、39年駐米大使館参事官、43年から46年まで駐米大使。ヤルタ、ポツダムなど第二次大戦の戦後処理をめぐる会談に出席した。46年国連安全保障理事会ソ連代表、47年外務次官に就任。51年の対日講和サンフランシスコ会議にはソ連首席代表として出席、西側の単独講和に反対した。57年に外相に就任し、ソ連外交の第一人者として活躍。85年には最高会議幹部会議

翼雑誌「アメラジア」をめぐるスパイ疑惑事件の主役、フィリップ・ジャフェとは、27年に彼のいとこと結婚して以来、深く交際している。冀自身、「アメラジア」の有力な投稿者でもあった。国民政府財務部長などの要職にあった孔祥熙とは同郷(山西省)で、補佐的役割を果たした。しかし中華人民共和国が成立(1949)すると、中国共産党員だったことを自ら公表し、国務院外資企業局長などを歴任した。

キング，アーネスト(Ernest J. King, 1878.11.23〜1956.6.25)
米海軍の軍人。航空母艦を使った空軍力重視の作戦を推進した。1941年12月の真珠湾攻撃直後、ルーズベルトは米海軍全艦隊最高司令官に任命した。42年3月にはハロルド・スタークの辞任に伴って海軍作戦部長の要職に就く。太平洋方面での積極的な作戦を常に展開し、ドーリットルによる東京空襲もキングのアイデアだった。ドーリットルによる東京空襲がミッドウェー海戦を誘発し、日本海軍の航空母艦を中心にした機動部隊はほぼ壊滅した。ルーズベルトは太平洋方面での作戦でキングに全幅の信頼を置いた。

キンメル，ハズバンド(Husband E. Kimmel, 1882.2.26〜1968.5.14)
米国の海軍軍人。1904年、海軍士官学校卒業。15年、海軍次官補だったルーズベルトの補佐官を務め、41年2月には太平洋艦隊司令官に任命される。同年12月、真珠湾攻撃に対する不備を追及され、解任される。翌42年2月に海軍退役。解任を不名誉として、戦前戦後を通じて政府の連絡不足が真珠湾攻撃の不意打ちを成立させたと主張。99年、上院で名誉回復動議が可決された。

クラウゼン，マックス(Max Klausen, 1899〜1979)
ドイツの諜報員。モスクワ無電学校修了。1927年、ドイツ共産党に入党。28年、ソ連赤軍第四部(情報部)の情報員になる。35年、ゾルゲグループに参加するため来日。東京都内で青写真複写機製造会社

して勤務。33年３月にも上海に勤務し、その後、北京の海兵隊分遣隊副隊長。帰国後、大統領静養地警備の海兵隊分遣隊長となった。ルーズベルトは彼の中国に対する知識を高く評価し、中国視察を命じた。37年、東京経由で上海に向かい、上海の日中攻防戦を目撃したほか、中国共産党が根拠にする延安を訪問、朱徳の率いる八路軍のゲリラ戦をつぶさに観察した。この間、ルーズベルトに中国寄りの報告書を送り続け、ルーズベルトの対日政策に大きな影響を与えた。また、中国でアグネス・スメドレーと親しくなり、恋人関係になっている。第二次大戦では朱徳のゲリラ戦を参考にした「カールソン襲撃隊」を編制。ルーズベルトの依頼で大統領の長男、ジェームズを副隊長に据え、ガダルカナル島奪還で活躍した。

ガルブレイス，ジョン・K.（John K. Galbraith, 1908.10.15～2006.4.29）
米国の経済学者。トロント大学卒業後カリフォルニア大学で学位を取得。ハーバード大学、プリンストン大学で教え、国防諮問委員会、物価行政局、戦略爆撃調査団など政府機関に勤務ののち、経済安全保障政策局局長。日本の工業の大半を取り除くとした戦後処理案「ポーリー報告書」に対して「私は、唯一の人間的な政策があるとすれば、日本とドイツの経済をできるだけ早く回復させることだという結論を出していた」としている。43～48年、「フォーチュン」誌編集委員。49～61年、ハーバード大学教授。61～63年、ケネディ大統領の任命によりインド大使。63年、ハーバード大学に復帰。元米国経済学会会長。

冀朝鼎（Chi Chao-ting, 1903.10.12～1963.8.9）
中国の経済学者。1924年に旧制精華学校を卒業し、米国に留学。シカゴ大学、コロンビア大学で法学、経済学博士号を取得。在米中に米共産党に入党し、太平洋問題調査会（IPR）のメンバーとして多くの論文を発表、反日キャンペーンに活躍。終戦直前に発覚した左

【カ—コ】

加藤友三郎(かとう・ともさぶろう　1861.2.22～1923.8.24)

海軍軍人、政治家。1880年(明治13年)、海軍兵学校卒業。日露戦争時(1904～05)には第二艦隊参謀長、連合艦隊参謀長。13年(大正2年)、大将。15～22年、大隈(第二次)、寺内、原、高橋各内閣の海相。21年、ワシントン軍縮会議全権委員。22年6月12日、首相として貴族院中心の超然内閣を組織したが、翌年首相在任中に死去。元帥。

カリー，ロークリン(Lauchlin B. Currie, 1902.10.8～1993.12.23)

米国の経済学者、官僚。1925年、経済学研究を通じてハリー・デクスター・ホワイトと知り合い、生涯親しい友人関係を保った。ロンドン大学留学後、ハーバード大学で経済学博士号を取得。34年、米国市民権取得。同年、モーゲンソー財務長官に招かれ、財務省上級分析官となる。41年、ルーズベルト大統領の経済問題補佐官になるとともに中国支援の責任者となった。41～43年大統領特使として中国を2度訪問し、中国国民政府の蔣介石主席らと懇談した。親国民政府とみられていたが、戦後、ＫＧＢ電文解読資料「ＶＥＮＯＮＡ」でソ連スパイの一人として確認され、中国共産党寄りの政策を遂行したとして追及された。49年、米議会下院非米活動委員会の公聴会証人席に立ち、疑惑を強く否定したが、疑惑が深まるなか経済顧問の肩書きで南米コロンビアに向かう。54年、米国市民権を失った。コロンビア国民として自宅のあるボゴダで死去。

カールソン，エバンズ(Evans F. Carlson, 1896.2.26～1947.5.27)

米国の軍人。14歳で家を飛び出し、船会社などで働いた後、16歳で陸軍に入隊。フィリピン、ハワイ、メキシコなどで従軍。第一次大戦時はフランスに駐留。23歳のとき大尉で除隊となるが、1922年に今度は海兵隊に入隊。27～29年、上海駐在の海兵隊作戦情報将校と

ウルマン，ウィリアム（William Ludwig Ullman, 1908.8.14～1947）
米国の官僚。ハーバード大学経営学大学院卒業。財務省に入省、ハリー・デクスター・ホワイトの政策立案を支えた。ホワイト研究家のブルース・クレイグによると、ソ連ＫＧＢ工作員、ビターリ・パブロフが米国の対日政策に影響を与えるため実施した「スノー（雪）作戦」のなかで言及した財務省内のソ連スパイ「Ｘ」はウルマンとみられている。パブロフによれば、「スノー（雪）作戦」の結果、日本への最後通牒となった「ハル・ノート」が誕生した。戦後のスパイ疑惑で1947年に財務省辞職。

汪兆銘（Wang Ching-wei, 1883.5.4～1944.11.10）
中国の政治家。1905年、法政大学留学中に中国同盟会設立に参加。孫文の容共・国共合作路線を助け、24年の国民党改組で中央執行委員。日中戦争勃発時は国民政府行政院院長兼外交部長の要職にあったが、次第に対日和平派に転じ38年12月に臨時首都の重慶を脱出した。40年、日本の支援で南京に「国民政府」を樹立。名古屋で客死。

尾崎秀実（おざき・ほつみ　1901.4.29～1944.11.7）
評論家、政治家。東京帝国大学卒業後、1926年に朝日新聞社入社。28～38年、上海特派員。その間、左翼ジャーナリストのアグネス・スメドレーの紹介でソ連赤軍第四部（情報部）所属のリヒャルト・ゾルゲと知り合う。中国の西安事件についての分析論文をきっかけに日本における中国問題の権威となり、36年には米国ヨセミテで開かれた「第六回太平洋問題調査会（ＩＰＲ）大会」に日本代表の一人として出席した。会議に同席した西園寺公一、牛場友彦を通じて近衛文麿内閣の嘱託となる。33年にゾルゲがドイツ人記者として来日し、スパイ網を構築した際、重要メンバーとして加わる。41年10月15日にスパイ容疑で検挙され、44年11月７日ゾルゲとともに絞首刑。

ウェデマイヤー，アルバート(Albert C. Wedemeyer, 1897.7.9〜1989.12.17)

米国の軍人。ウェストポイント陸軍士官学校卒業。1936〜38年、ドイツの陸軍学校留学。41年、陸軍参謀本部戦争計画部隊に配属。第二次大戦参戦前の米国の本格的な戦争計画となる「勝利の計画」の作成に加わったが、日本の真珠湾攻撃直前にこの計画書が新聞に漏れたため、親ドイツ派のウェデマイヤーが疑われ、参謀本部勤務を解任される。しかし、戦争が始まるとジョージ・マーシャル参謀総長に見込まれ、再び参謀本部に配属。44〜46年、中国方面軍司令官。戦後の中国国共内戦では共産軍の勝利を予測し、国民党軍への本格的な軍事援助の必要性を説いた。

ウォレス，ヘンリー(Henry A. Wallace, 1888.10.7〜1965.11.18)

米国の政治家。1910年、アイオワ州立大学卒業。農本主義者として知られ、33年にルーズベルトに請われて農務長官となる。41〜45年、ルーズベルト政権の副大統領。トルーマンが副大統領になったため、45〜46年、商務長官を務める。48年に米共産党の支援を受けて進歩党から大統領選に出馬するが、民主党候補のトルーマンに敗れる。50年、政界引退。

牛場友彦(うしば・ともひこ　1901.12.16〜1993.1.12)

政治家。東京帝国大学、オックスフォード大学卒業後、太平洋問題調査会(ＩＰＲ)、三菱石油勤務。1936年(昭和11年)には米国ヨセミテで開かれた第六回太平洋問題調査会大会に西園寺公一、尾崎秀実とともに出席した。37年、第一次近衛文麿内閣の内閣秘書官に就任。近衛側近の一人。戦後、日本輸出入銀行監事、日本不動産銀行顧問などを務める。外交官、牛場信彦(1909〜1984)の兄。

イッキーズ，ハロルド(Harold L. Ickes, 1874.3.15～1952.2.3)
　米国の政治家。1897年、シカゴ大学卒業。33～46年、内務長官。ルーズベルト大統領の側近の一人として、ニューディール政策を支えた。

イーデン，ロバート(Robert Anthony Eden, 1897.6.12～1977.1.14)
　英国の政治家。オックスフォード大学卒業後、1923年、下院議員。35～38年、40～45年、さらに51～55年、外相。55～57年、首相。保守党の重鎮で、第二次大戦中はチャーチル首相に次ぐナンバー２として戦争遂行に力を発揮した。56年のスエズ危機で失脚。

犬養毅(いぬかい・つよし　1855.4.20～1932.5.15)
　政治家。慶應義塾中退。1890年(明治23年)の第1回衆議院議員選挙以来、連続当選18回。藩閥政府に反対し、大正デモクラシー運動では護憲、普選を推進、その先頭に立った。1929年(昭和4年)立憲政友会総裁。31年には内閣を組織して満州事変収拾にあたったが、五・一五事件で射殺された。日本で1905年に結成された中国革命同志会の創立に関与し、亡命中の孫文らを援助した。

ウィルソン，ウッドロー(Woodrow Wilson, 1856.12.28～1924.2.3)
　米国の政治家。第28代大統領。1879年プリンストン大学卒業。86年にジョンズ・ホプキンズ大学で博士号取得。1902～10年、プリンストン大学長。11～13年、ニュージャージー州知事。13～21年、大統領。17年４月、第一次大戦に参戦する際に指導力を発揮した。翌年、民族自決権など平和のための「ウィルソンの十四カ条」を提案。国際連盟の創設に力を注ぐが、米国は参加しなかった。ルーズベルトはウィルソン大統領の強い支持者で、同政権の海軍次官補。ルーズベルトが第二次大戦に参戦する過程は、第一次大戦におけるウィルソン政権時代の経験が強く影響した。

アドラー，ソロモン(Solomon Adler, 1908.8.6～1994.8.4)

米国の経済学者(英国生まれ)。オックスフォード、ロンドン両大学卒業。米国市民権を取得して米財務省に入省。ルーズベルト政権の対中支援が強まる過程で財務省の役割が外交にまで拡大し、中国国民政府の臨時政府のあった重慶に大使館とは別に財務省出張所が置かれた。中国支援担当責任者として、中国共産党員の冀朝鼎を国民政府財政専門家に推薦。戦後、スパイ疑惑が深まる。62年、中国に移住。文化大革命時には周恩来の保護を受ける。最後まで社会主義革命を信じ、北京で死去。江沢民国家主席らは「中国人民の友」と賛辞を贈った。

アーノルド，ヘンリー(Henry H. Arnold, 1886.6.25～1950.1.15)

米国の軍人。ルーズベルト政権下の第二次大戦中、アメリカ陸軍航空隊司令官を務める。44年陸軍元帥、47年に空軍が新設されると同時に空軍元帥となった。

アフメーロフ，イサク(Itzhak Akhmerov, 1901～1975)

ソ連の諜報員。タタール系ロシア人として生まれる。1919年、ボリシェビキに参加。30年、モスクワ大学国際関係学院卒業と同時にＮＫＶＤ(人民委員部＝ＫＧＢ前身)に入り、32年から対外情報部員。トルコ大使館で情報官をしたあと、34年中国駐在の非公然工作員。35年、偽パスポートで米国に潜入。42～45年、米国内非公然組織のトップ。英語力がほぼ完璧で、35～45年の米国勤務中、「ビル・グレインキ」「マイケル・グリーン」などの偽名で通した。ソ連スパイのウィタカー・チェンバーズが裏切って国務省やＦＢＩに駆け込んだ38年頃、一時モスクワに待避。その後、スパイ網の建て直しに成功する。ビターリ・パブロフが明らかにした対日謀略「スノー(雪)作戦」はアフメーロフのアイデアだった。多くのソ連勲章を受章。

■人名録

【ア—オ】

アイゼンハワー，ドワイト(Dwight D. Eisenhower, 1890.10.14～1969.3.28)
米国の軍人、政治家。第34代大統領。1915年、ウェストポイント陸軍士官学校卒業。42年、欧州戦線司令官。43年には連合軍最高司令官としてフランス上陸作戦(ノルマンディー上陸作戦)を指揮。50～52年、北大西洋条約機構(ＮＡＴＯ)最高司令官。53年１月、大統領に就任。56年再選。

アインシュタイン，アルバート(Albert Einstein, 1879.3.14～1955.4.18)
米国の理論物理学者(ドイツ生まれ)。スイス連邦工科大学(チューリッヒ) 卒業。1905年特殊相対性理論を、13～16年一般相対性理論を発表し、21年、ノーベル物理学賞を受賞。33年、ナチスに追われてアメリカに移住、プリンストン大学高等研究所で研究を続けた。人権擁護運動および平和運動の支持者で、晩年は原爆の脅威をなくすことを世界各国に呼びかけた。

アチソン，ディーン(Dean G. Acheson, 1893.4.11～1971.10.12)
米国の外交官、政治家。ハーバード大学卒業。ルーズベルト政権の財務次官、国務次官補を経て、1945～47年国務次官、49～53年国務長官。51年の対日講和サンフランシスコ会議の米国全権団首席を務めた。アチソンは、国務省の元高官ヒスが48年にソ連スパイとして告発された時に擁護し、国務省への共産主義浸透を許したとして強く非難された。その後、「ソ連封じ込め政策」を推進し、51年の日米安全保障条約締結にも尽力した。56年引退後、ケネディ、ジョンソン両政権の顧問。70年、回顧録*Present at the Creation*でピュリツァー賞受賞。

文庫本　平成十三年十一月　扶桑社刊
装　幀　伏見さつき
DTP　佐藤　敦子
写真：米国立公文書館／米議会図書館／米ホロコースト博物館／シカゴ・トリビューン／ルーズベルト記念図書館／米陸軍省／米陸軍／米海軍

産経NF文庫

ルーズベルト秘録　下

二〇二三年十二月十九日　第一刷発行

著者　産経新聞「ルーズベルト秘録」取材班
キャップ　前田　徹

発行者　赤堀正卓

発行・発売　株式会社　潮書房光人新社
〒100-8077　東京都千代田区大手町一-七-二
電話／〇三-六二八一-九八九一(代)

印刷・製本　中央精版印刷株式会社

定価はカバーに表示してあります
乱丁・落丁のものはお取りかえ致します。本文は中性紙を使用

ISBN978-4-7698-7066-1　C0195
http://www.kojinsha.co.jp

産経NF文庫の既刊本

ルーズベルト秘録 上・下

産経新聞「ルーズベルト秘録」取材班
キャップ 前田 徹

自らを曲芸師と称し、自国を戦争へと駆り立てていったフランクリン・ルーズベルト大統領。アメリカの「正義」を演出した好戦的指導者の素顔とその生きた時代を探る。戦争の瀬戸際に立った日本とアメリカの思惑が交錯する政治の舞台裏を緻密な調査・分析で明らかにする。

上・定価1150円（税込） ISBN 978-4-7698-7065-4
下・定価1150円（税込） ISBN 978-4-7698-7066-1

プーチンとロシア人

木村 汎

最悪のウクライナ侵攻——ロシア研究の第一人者が遺したプーチン論の決定版！ ロシア人の国境観、領土観、戦争観は日本人と全く異なる。彼らには「固有の領土」という概念はない。二四年間ロシアのトップに君臨する男は、どんなトリックで自国を実力以上に見せているか！

定価990円（税込） ISBN 978-4-7698-7028-9

産経NF文庫の既刊本

李登輝秘録

河崎眞澄

正々堂々、中国共産党と渡り合った男――本人や関係者の証言、新たに発掘した資料などから知られざる「史実」を掘り起こす。大正から令和へと生き抜いた軌跡をたどり、その生涯を通じて台湾と日本を考えることで、中国や米国などを含む地域の近現代史を浮き彫りにする。

定価1150円（税込）　ISBN 978-4-7698-7064-7

毛沢東秘録　上・下

産経新聞「毛沢東秘録」取材班

覇権を追い求め毛沢東時代に回帰する現代中国。なぜ鄧小平が定めた集団指導体制を捨て、独裁と覇権という中世に歴史の歯車を戻そうとするのか。中国共産党が毛沢東とともに歩んだ血みどろの現代史を綴る。解説／河崎眞澄。

上・定価968円（税込）　ISBN 978-4-7698-7031-9
下・定価990円（税込）　ISBN 978-4-7698-7032-6

産経NF文庫の既刊本

台湾を築いた明治の日本人　渡辺利夫

なぜ日本人は台湾に心惹かれるのか。「蓬莱米」を開発した磯永吉、東洋一のダムを築いた八田與一、統治を進めた児玉源太郎、後藤新平……。国家のため、台湾住民のため、己の仕事を貫いたサムライたち。アジアに造詣の深い開発経済学者が放つ明治のリーダーたちの群像劇！

定価902円（税込）　ISBN 978-4-7698-7041-8

「賊軍」列伝　明治を支えた男たち　星 亮一

一夜にして「逆賊」となった幕府方の人々。戊辰戦争と薩長政府の理不尽な仕打ちに辛酸をなめながら、なお志を失わず新国家建設に身命を賭した男たち。盛岡の原敬、水沢の後藤新平、幕臣の渋沢栄一、会津の山川健次郎……。各界で足跡を残した誇り高き敗者たちの生涯。

定価869円（税込）　ISBN 978-4-7698-7043-2

産経NF文庫の既刊本

我々はポツダム宣言受諾を拒否する

上野・厚木・満州の反乱

岡村　青

陸軍水戸教導航空通信師団、海軍第三〇二航空隊、満州国務院総務庁──ポツダム宣言受諾をよしとせず、徹底抗戦を唱えた人々。事件の発生から収束にいたるまでの経緯およびその背景とは。反乱事件に直接加わり、渦中にいて事件をつぶさに知る体験者の証言をもとに描く。

定価980円（税込）　ISBN 978-4-7698-7062-3

世界史の中の満州国

岡村　青

はたして満州は中国政府の主張するような、日本に捏造された「偽満州」であったのだろうか。本書はこの疑問をもとに、「侵略」「植民地」「傀儡」、これらの三つのキーワードで満州の実相、ありのままの姿を歴史的事実にもとづいて解き明かす、分かりやすい「満洲国」。

定価980円（税込）　ISBN 978-4-7698-7055-5

産経NF文庫の既刊本

「令和」を生きる人に知ってほしい　日本の「戦後」

皿木喜久

なぜ平成の子供たちに知らせなかったのか……GHQの占領政策、東京裁判、「米国製」憲法、日米安保——これまで戦勝国による歴史観の押しつけから目をそむけてこなかったか。「敗戦国」のくびきから真に解き放たれるために「戦後」を清算、歴史的事実に真正面から向き合う。

定価869円（税込）　ISBN978-4-7698-7012-8

子供たちに伝えたい　日本の戦争　1894～1945年
あのとき なぜ戦ったのか

皿木喜久

あなたは知っていますか？子や孫に教えられますか？日本が戦った本当の理由を。日清、日露、米英との戦い…日本は自国を守るために必死に戦った。自国を貶める史観を離れ、「日本の戦争」を真摯に、公平に見ることが大切です。本書はその一助になる〝教科書〟です。

定価891円（税込）　ISBN978-4-7698-7011-1

産経NF文庫の既刊本

封印された「日本軍戦勝史」①②　井上和彦

日本軍はこんなに強かった! 快進撃を続けた緒戦や守勢に回った南方での攻防戦など、第二次大戦で敢闘した日本軍将兵の姿を描く。彼らの肉声と当時の心境、敵が見た日本軍の戦いぶり、感動秘話などを交え、戦場の実態を伝える。

①定価902円(税込)　ISBN 978-4-7698-7037-1
②定価902円(税込)　ISBN 978-4-7698-7038-8

「美しい日本」パラオ　井上和彦

なぜパラオは世界一の親日国なのか——日本人が忘れたものを取り戻せ! 太平洋戦争でペリリュー島、アンガウル島を中心に日米両軍の攻防戦の舞台となったパラオ。圧倒的劣勢にもかかわらず、勇猛果敢に戦い、パラオ人の心を動かした日本軍の真実の姿を明かす。

定価891円(税込)　ISBN 978-4-7698-7036-4

産経NF文庫の既刊本

日本が戦ってくれて感謝しています2

あの戦争で日本人が尊敬された理由

井上和彦

第1次大戦、戦勝100年「マルタ」における日英同盟を序章に、読者から要望が押し寄せたインドネシア——あの戦争の大義そのものを3章にわたって収録。日本人は、なぜ熱狂的に迎えられたか。歴史認識を辿る旅の完結編。15万部突破ベストセラー文庫化第2弾。

定価902円(税込)　ISBN978-4-7698-7002-9

日本が戦ってくれて感謝しています

アジアが賞賛する日本とあの戦争

井上和彦

インド、マレーシア、フィリピン、パラオ、台湾……日本軍は、私たちの祖先は激戦の中で何を残したか。金田一春彦氏が生前に感激して絶賛した「歴史認識」を辿る旅——涙が止まらない！感涙の声が続々と寄せられた15万部突破のベストセラーがついに文庫化。

定価946円(税込)　ISBN978-4-7698-7001-2